即効 会社の英語

Quick Guide for Workplace English

ハンドブック

これ一冊で乗り切れる
来客への挨拶、電話の取次、ミーティングから
Eメールの対応まで仕事で使う表現を厳選

味園真紀
Maki Misono

[音声DL可能]

CD 音声のダウンロード方法

CDと同じ音声を、ホームページよりパソコンでダウンロードできます（スマートフォン、タブレッドではダウンロードできません）。

1. 「ベレ出版」ホームページ内、『CD BOOK 即効 会社の英語ハンドブック』の詳細ページにある「音声ダウンロード」ボタンをクリック。
   （URL は http://www.beret.co.jp/books/detail/623）
2. 8ケタのコードを入力してダウンロード。

   ダウンロードコード A4Jdymh4

はじめに

　日本企業に勤務している方でも、仕事で英語を話したり、書いたりする機会が増えていると思います。仕事で英語が必要な方の中には、「来客への挨拶」や「電話の取次ぎ」だけという程度の方から、「日常的にメールでやりとりしている」「ミーティングやプレゼンテーションを英語でこなしている」という方まで、英語の使用頻度やレベルは様々でしょう。
　以前は、英語が得意な人だけが仕事で英語を使うといった状況でしたが、最近では、得手不得手に関わらず、どんなレベルのスタッフにも英語でのコミュニケーションが欠かせない時代となりました。

　本書は、挨拶、電話からミーティングやプレゼンテーション、Eメール対応など、仕事のあらゆる場面を想定し、「仕事で必要な英語表現・情報」をコンパクトにまとめた一冊です。
　まずは、英語でコミュニケーションをとるうえで、どんなシーンでも共通に使える基本的な定型表現を習得しましょう。第1章でこれらの定型表現を習得すれば、単語を入れ替えて様々なシーンに対応できるようになります。
　定型表現を習得したら、第2章で表現の幅を広げましょう。仕事でよく使う表現を場面別・機能別にご紹介しています。
　第3章では、コミュニケーションにはかかせないEメール対応でよく使う表現や、ビジネスレターの書式等もご紹介しています。また、第4章として、仕事でよく使う単語・表現をまとめました。

　本書が、皆さんのよき「ビジネスパートナー」となれば幸いです。

2016年8月
味園　真紀

即効　会社で使う英語ハンドブック・目次

はじめに　　　　　　　　　　　　　　　　　　　　　　　　　　　3

第1章　頻出定型表現

1. Could you 〜?　　　　　　　（〜していただけますか？）　　　12
2. Would you 〜?　　　　　　　（〜していただけますか？）　　　13
3. Would you like to 〜?　　　　（〜されますか？）　　　　　　　14
4. We'd like to 〜　　　　　　　（〜させていただきたいのです）　15
5. Would you like me to 〜?　　（〜しましょうか？）　　　　　　16
6. May I 〜?　　　　　　　　　（〜してもよろしいですか？）　　17
7. Let me 〜　　　　　　　　　（〜させてください）　　　　　　18
8. Would you mind 〜?　　　　（〜していただけませんか？）　　19
9. Is it possible to 〜?　　　　　（〜することは可能でしょうか？）20
10. How about 〜?　　　　　　（〜はいかがですか？）　　　　　　21
11. Shall we 〜?　　　　　　　（〜しましょうか？）　　　　　　22
12. I'm sure 〜　　　　　　　　（きっと〜だと思います）　　　　23
13. I'm afraid 〜　　　　　　　（あいにく〜）　　　　　　　　　24
14. I'm sorry 〜　　　　　　　（〜して申し訳ございません）　　25
15. We need to 〜　　　　　　（〜する必要があります）　　　　26
16. We're planning to 〜　　　（〜する予定です）　　　　　　　27
17. We're supposed to 〜　　　（〜することになっています）　　28
18. We look forward to 〜　　（〜を楽しみにしています）　　　29
19. I don't think 〜　　　　　　（〜ではないと思います）　　　　30
20. Thank you for 〜　　　　　（〜をありがとうございます）　　31
21. We'd appreciate it if you could 〜（〜していただければ幸いです）32

22.	I was wondering if 〜	(〜いただけないかと思いまして…)	33
23.	You might want to 〜	(〜したらいかがでしょうか？)	34
24.	How is (was) 〜?	(〜はいかがですか(いかがでしたか)？)	35
25.	Please feel free to 〜	(お気軽に〜してください)	36
26.	Please don't hesitate to 〜	(ご遠慮なく〜してください)	37
27.	I'll let you know 〜	(〜をお知らせします)	38
28.	Please be informed that 〜	(〜をお知らせします)	39
29.	We used to 〜	(以前は〜でした)	40
30.	I've been 〜	(ずっと〜です)	41
31.	We've decided to 〜	(〜することにしました)	42
32.	We're concerned about 〜	(〜について懸念しています)	43
33.	Here is 〜	(こちらが〜です)	44
34.	We have 〜	(〜があります)	45
35.	It depends on 〜	(〜によります)	46
36.	It seems 〜	(〜のようです)	47
37.	Compared to / with 〜	(〜と比較すると)	48
38.	Due to 〜	(〜により)	49
39.	In terms of 〜	(〜の観点から)	50
40.	the following 〜	(次の〜)	51

第2章 場面別・機能別　会社でよく使う表現

1. 挨拶・紹介　　　　　　　　　　　　　　　　　　　　　　54
   - 出会ったとき　54
   - 自己紹介　55
   - 他人を紹介する　57
   - 会社を紹介する　58
   - 異動・退職　62

- ・相手のことを尋ねる　63
- ・別れ際　63

2. 電　話

- ・電話をかける／受ける　65
- ・指名した／された人が不在の場合　67
- ・伝言　70
- ・電話を切るとき　71
- ・電話でのトラブル　72

3. アポイントメント

- ・アポイントメントをとる　74
- ・日程調整　74
- ・日程変更　76
- ・来客・訪問　77
- ・接待　79

4. ミーティング

- ・会議の進行　80
- ・意見交換　82
- ・賛成する　83
- ・反対する　84
- ・わからなかったとき・確認する　85

5. 商　談

- ・問い合わせ・見積もり　86
- ・売り込み・プロモーション　88
- ・フォローアップ　89
- ・商品説明　89

- 交渉　90
- 決定権　95
- 発注・受注　95
- 失注・交渉決裂　96
- 契約　96

6. 苦　情　　98
- 苦情を言う　98
- 謝罪する　99

7. 道案内　　101

8. プレゼンテーション　　104
- 挨拶　104
- プレゼンテーションの開始　106
- 説明する　110
- 話題を移す　111
- 問題提起する・関心をひく　113
- 参照してもらう　114
- 引用する　115
- 比較する　115
- 事実を述べる　115
- 理由や根拠を述べる　116
- 例を示す　116
- 図表を説明する　117
- まとめる　120
- 質疑応答　121
- プレゼンテーションを終える　123
- ● プレゼンテーションスライド作成のポイント　125

- ● スライドのタイトルのつけ方　127
- ● プレゼンテーションでよく使う表現　128

9. 社内コミュニケーション　131
- ・近況について話す　131
- ・天候について話す　132
- ・仕事について話す　133
- ・プライベートについて話す　134
- ・休暇・残業　135
- ・お祝い　136
- ・お悔やみ　136
- ・別れ際に　136
- ・海外からの来客とのコミュニケーション　137

第3章　メールでよく使う表現

Eメール　140
- ・Eメールのレイアウトサンプル　141
- ・タイトルのサンプル　141
- ・書き出し　143
- ・連絡・通知　144
- ・添付ファイル　145
- ・参照してもらう　146
- ・転送する　146
- ・依頼する　147
- ・メールアドレスの変更　148
- ・メールのトラブル　148
- ・結びの挨拶　149

- ビジネスレター　152
- エアメール封筒サンプル　156
- FAX の書式サンプル　158

第4章　おさえておきたい頻出単語・表現

1. 日時を表す単語・表現　162
2. 図表でよく使う単語・表現　164
- グラフや図の種類　164
- 線の種類　164
- グラフのパーツを表す単語　165
- 表のパーツを表す単語　166
- 図形を表す単語　166
- 文字の種類を表す単語　166
- その他図表でよく使う単語　167
- 増減についてよく使う単語・表現　167
- 位置を示す表現　168

3. 会社・仕事でよく使う単語・表現　169
1. 会社を表す表現・単語　169
2. 組織名　171
3. 役職　173
4. 書類　174
5. 期間・期限・頻度を表す単語・表現　175
6. 業績の説明に使う単語・表現　177
7. 市場動向の説明によく使う用語　179
8. 分析の説明に使う単語・表現　180
9. 戦略や計画の説明に使う単語・表現　181
10. その他一般的に仕事でよく使う用語　182

11. 数の読み方　183

第1章

頻出定型表現

1. Could you ～?
（～していただけますか？）

「Could you ～?」は、「～していただけますか？」と、丁寧に依頼する表現です。～には、動詞の原形がきます。
最後に「please」をつけると、より丁寧な表現になります。
「Could you ～?」と聞かれて、OK のときには「Certainly.（かしこまりました）」「Sure.（もちろんです）」「No problem.（いいですよ）」などと答えます。またダメなときには、「I'm afraid I can't.（申し訳ありませんが、できません）」などと答えます。

例文

Could you cancel the hotel reservation?
（ホテルの予約をキャンセルしていただけますか？）

Could you tell me how to get to your office from Tokyo Station?
（東京駅から貴社までの行き方を教えていただけますか？）

Could you postpone our meeting?
（打ち合わせを延期していただけますか？）

Could you provide us with the price list?
（価格表をいただけますか？）

Could you change the delivery address?
（送付先を変更していただけますか？）

Could you introduce me to Mr. Smith?
（スミスさんに私をご紹介していただけますか？）

2. Would you ～?
（～していただけますか？）

「Would you ～?」は、「～していただけますか？」と、丁寧に依頼する表現です。
～には、動詞の原形がきます。
最後に「please」をつけると、より丁寧な表現になります。
「Would you ～?」と聞かれて、OK のときには「Certainly.（かしこまりました）」「Sure.（もちろんです）」「No problem.（いいですよ）」などと答えます。
またダメなときには、「I'm afraid I can't.（申し訳ありませんが、できません）」などと答えます。

例　文

Would you repeat that, please?
（もう一度言っていただけますか？）

Would you say that again?
（もう一度言っていただけますか？）

Would you close the window?
（窓を閉めていただけますか？）

Would you keep my luggage?
（荷物を預かっていただけますか？）

Would you send us your inquiry by email?
（お問い合わせ内容をメールでお送りいただけますか？）

ワンモアポイント

「Could you ～?」と「Would you ～?」の違いについて
「Could you ～?」は、「Would you ～?」と比較すると、可能性を尋ねるニュアンスが含まれています。

第1章　頻出定型表現

CD Track 3

3. Would you like to ～?
(～されますか？)

「Would you like to ～?」は、「～されますか？」と、何かをすることを勧めるときや要望を聞く表現です。
「Do you want to ～? (～したい？)」を丁寧にした表現で、～には動詞の原形がきます。
「Would you like to ～?」と聞かれたら、「Yes, I'd love to. (ええ、ぜひ)」「Sure. (ぜひ)」、「Why not? (ぜひ)」「Sounds good. (いいですね)」「I'd rather not. (やめておきます)」「No, thank you. (いいえ、結構です)」などと答えます。

例　文

Would you like to wait? (お待ちになりますか？)
Would you like to have a break? (休憩しましょうか？)
Would you like to join us? (ご一緒にいかがですか？)
Would you like to see our factory?
(弊社の工場をご覧になりますか？)

ワンモアポイント

> 「Would you like＋名詞?」とすると、動作ではなく物がほしいかどうかを尋ねる表現になります。物がほしいかどうかを尋ねるときには「Would you like＋名詞?」、動作をしたいかどうかを尋ねるときには「Would you like to＋動詞の原形?」と覚えましょう。
> また、最初に「What」や「How」などの疑問詞をつけることにより、幅広く使えます。
> What would you like to drink? (何をお飲みになりますか？)

4. We'd like to ～
（～させていただきたいのです）

「We'd like to ～」は、「～させていただきたいのです」と、丁寧に要望を伝える表現です。～には、動詞の原形がきます。
ビジネスシーンでは「We want to ～」ではなく、「We'd like to ～」を使いましょう。
また、会社としての立場で伝えるときには、主語は We を使い、個人的な立場で伝えるときには主語は I を使いましょう。

例文

We'd like to know more about your services.
（貴社のサービスについてもっと知りたいのです。）

We'd like to suggest an alternative.
（代替案をご提案させていただきたいのです。）

We'd like to invite you to dinner.
（夕食にご招待させていただきたいのです。）

We'd like to see the color samples.
（色見本を拝見させていただきたいのです。）

We'd like to talk about our testing service.
（弊社の試験サービスについてお話しさせていただきたいのです。）

ワンモアポイント

「I'd like you to ～」とすると、「相手に～をしてもらいたいのですが」という表現になります。
I'd like you to make a copy of this.
（これをコピーしていただきたいのですが。）

5. Would you like me to ～?
(～しましょうか？)

「Would you like me to ～?」は、「～しましょうか？」と、自分に何かをしてもらいたいかどうかを丁寧に尋ねる表現です。
～には、動詞の原形がきます。
3. の「Would you like to ～?」と混同しないように気をつけましょう。
「me」がない場合は to 以下の動作の主語が相手になり、「me」が入ると主語は自分になります。
「Would you like me to ～?」と聞かれたら、「Yes, please.（ええ、お願いします）」「No, that's OK.（いいえ、結構です）」などと答えます。

例 文

Would you like me to tell her to call you back?
(折り返しお電話するよう、申し伝えましょうか？)

Would you like me to send you our company brochure?
(弊社の会社案内をお送りしましょうか？)

Would you like me to help you?
(お手伝いしましょうか？)

Would you like me to take your picture?
(写真をお撮りしましょうか？)

Would you like me to draw you a map?
(地図をお書きしましょうか？)

Would you like me to make a reservation?
(予約しましょうか？)

6. May I ～?

（～してもよろしいですか？）

「May I ～?」は、「～してもよろしいですか？」と、丁寧に要望を伝える表現です。
～には、動詞の原形がきます。
最後に「please」をつけるとより丁寧になります。
「May I ～?」と聞かれて、OK のときには「Certainly.（もちろん）」、「Sure.（もちろん）」「Of course.（もちろん）」「Yes, you may.（ええ、いいですよ）」などと答えます。またダメなときには、「I'm afraid you can't.（申し訳ありませんが、できません）」「No, you may not.（ご遠慮ください）」「No, I'm sorry.（申し訳ありませんが、できません）」などと答えます。

例　文

May I have your phone number?
（お電話番号を伺ってもよろしいですか？）

May I have your contact information?
（ご連絡先をいただけますか？）

May I ask you a favor?
（お願いしてもよろしいですか？）

May I interrupt you?
（お邪魔してもよろしいですか？）

May I try this on?
（試着してもよろしいですか？）

May I have extension 123?
（内線123をお願いできますか？）

CD Track 7

7. Let me 〜
(〜させてください)

「Let me 〜」は、「〜させてください」と許可を求める表現です。
〜には、動詞の原形がきます。
これから何かを説明したり、紹介するという際に、よく使う表現です。

例 文

Let me help you.
(お手伝いさせてください。)

Let me check.
(確認させてください。)

Let me introduce myself.
(自己紹介させてください。)

Let me explain the reason.
(理由をご説明しましょう。)

Let me show you our latest model.
(弊社の最新モデルをお見せしましょう。)

Let me give you an example.
(一例を挙げましょう。)

Let me talk about our company first.
(まずはじめに、弊社についてお話しさせてください。)

Let me take you to the meeting room.
(会議室にお連れしましょう。)

8. Would you mind 〜?
(〜していただけませんか？)

「Would you mind 〜?」は、「〜していただけませんか？」と依頼する表現です。〜には、動名詞（動詞の原形＋ing）がきます。
「Would you mind 〜?」と聞かれたときの答え方は、間違えやすいので注意しましょう。
「Would you mind 〜?」を直訳すると、「〜を気にしますか？」となり、依頼を受けるときには「No.（気にしません＝いいですよ）」と回答することになります。引き受ける場合は、「No, not at all.（構いませんよ）」「Of course, not.（もちろん、構いませんよ）」、断る場合は「I'm afraid I can't（申し訳ありませんが、できません）」などと答えます。
また、「Would you mind my 〜ing?」とすると、動作の主語が自分になり、「〜してもいいですか？」と相手に許可を求める表現になります。

例　文

Would you mind explaining it in more detail?
（それを詳細に説明していただけますか？）

Would you mind telling him that I called?
（彼に、電話があったことをお伝えいただけますか？）

Would you mind waiting for a few minutes?
（少々お待ちいただけますか？）

ワンモアポイント

> 「Would you mind + if I 動詞 〜?」という言い方もあります。
> 動詞の部分は、過去形になります。
> Would you mind if I smoked?
> （たばこを吸ってもいいですか？）

9. Is it possible to ~?
（～することは可能でしょうか？）

「Is it possible to ~?」は、「～することは可能でしょうか？」と、可能性を尋ねる表現です。～には、動詞の原形がきます。
「Is it possible for 人 to ~?」とすると、to 以下の動作をする主語が明確になります。
「Is it possible to ~?」と聞かれて、可能なときには「Sure.（もちろんです）」、また不可能なときには「I'm afraid ＋ 主語 ＋ can't.（申し訳ありませんが、できません）」などと答えます。

例　文

Is it possible to postpone our meeting?
（打ち合わせを延期していただくことは可能でしょうか？）

Is it possible to change the specifications?
（仕様を変更していただくことは可能ですか？）

Is it possible to make a presentation to our management?
（経営層にプレゼンテーションをしていただくことは可能ですか？）

Is it possible to send your presentation slides in advance?
（事前にプレゼンテーションのスライドをお送りいただくことは可能でしょうか？）

ワンモアポイント

「Is it」を「Would it be」に変えると、より丁寧な表現になります。
Would it be possible to postpone our meeting?（打ち合わせを延期していただくことは可能でしょうか？）

Track 10

10. How about ～?
（～はいかがですか？）

第1章 頻出定型表現

「How about ～?」は、「～はいかがですか？」と何かを提案するときに使う表現です。
～には、名詞か動名詞（動詞の原形＋ing）がきますが、物を提案するときには名詞、動作を提案するときには動名詞となります。

 例　文

How about next Wednesday?
（来週の水曜日はいかがですか？）

How about Tokyo Station?
（東京駅はいかがですか？）

How about Thai food?
（タイ料理はいかがですか？）

How about some more coffee?
（コーヒーをもう少しいかがですか？）

How about having lunch together?
（昼食をご一緒にいかがですか？）

How about adding a few more slides?
（数枚スライドを追加したらいかがですか？）

How about changing your plan?
（予定を変更してはいかがですか？）

CD Track 11

11. Shall we ～?
（～しましょうか？）

「Shall we ～?」は、「～しましょうか？」と意向を確認したり、提案する表現です。
～には、動詞の原形がきます。
「Shall we ～?」と聞かれたときには、「Sure.（ぜひ）」「OK.（いいですよ）」などと答えます。

 例　文

Shall we get started?
（始めましょうか？）

Shall we go on to the next subject?
（次の議題に移りましょうか？）

Shall we take a break?
（休憩しましょうか？）

Shall we reschedule the meeting?
（打ち合わせを再調整しましょうか？）

Where shall we meet?
（どこで待ち合わせしましょうか？）

ワンモアポイント

「Shall we ～?」よりもカジュアルな表現ですが、「Let's ～（～しましょう）」もよく使われます。～には動詞の原形がきます。
Let's take a break.（休憩しましょう。）

12. I'm sure ～

（きっと～だと思います）

「I'm sure ～」は、「きっと～だと思います」「確実に～です」と確信を伝える表現です。
～には、「主語＋動詞」がきます。

例 文

I'm sure you can do it.
（きっとあなたならできると思います。）

I'm sure we can deliver the order by April 15.
（4月15日までに確実に納品できます。）

I'm sure our price is very competitive.
（弊社の価格は非常に競争力があると確信しています。）

I'm sure you'll be satisfied with our new model.
（きっと弊社の新モデルにご満足いただけると思います。）

I'm sure he will come to the office tomorrow.
（きっと彼は明日出社すると思います。）

ワンモアポイント

「I'm not sure.」のみもよく使う表現で、確信が持てないことを表現することができます。
何かを尋ねられてわからない場合に、「I'm not sure.（わかりかねます。）」と答えることができます。
また、「Are you sure?（本当ですか？）」もよく使われています。

13. I'm afraid ～
(あいにく～)

「I'm afraid ～」は、「あいにく～」「申し訳ございませんが～」「残念ながら～」と、言いづらいことを伝えるときに緩和する表現です。
～には、「主語＋動詞」がきます。

例文

I'm afraid she's on another line at the moment.
(あいにく、ただいま他の電話に出ております。)

I'm afraid I'm not available tomorrow.
(あいにく、明日は都合がつきません。)

I'm afraid we're out of stock.
(あいにく、在庫がございません。)

I'm afraid we can't accept a 30% discount.
(あいにく、30％の値引きはお受けできません。)

I'm afraid I have no idea.
(あいにくわかりかねます。)

I'm afraid you have the wrong number.
(あいにく番号をお間違えです。)

ワンモアポイント

相手に尋ねられたことに対して答える際に、「I'm afraid so.(申し訳ございませんが、そうです。)」「I'm afraid not.(申し訳ございませんが、そうではありません。)」も覚えておくと便利な表現です。

14. I'm sorry ~
(〜して申し訳ございません)

「I'm sorry ~」は、「〜して申し訳ございません」「すみませんが〜」という表現です。
〜には、「主語＋動詞」がきます。
「I'm terribly sorry ~」とすると、深い謝罪の気持ちを表すことができます。
また、「I'm sorry to ~」とする場合は、〜に動詞の原形がきます。

例 文

I'm sorry I'm late.
(遅れて申し訳ございません。)

I'm sorry I can't make it.
(都合がつかなくて申し訳ございません。)

I'm sorry I couldn't call you yesterday.
(昨日はお電話できなくて申し訳ございません。)

I'm sorry to bother you.
(お邪魔して申し訳ございません。)

I'm sorry to keep you waiting.
(お待たせして申し訳ございません。)

ワンモアポイント

「I'm sorry ~」よりもあらたまってお詫びする表現として、「I apologize for ~」という表現もよく使います。
I apologize for the delay in delivery.
(納入が遅れましてお詫び申し上げます。)

CD Track 15

15. We need to ～

（～する必要があります）

「We need to ～」は、「～する必要があります」という表現です。
～には、動詞の原形がきます。
また、「We need ～」で、～に名詞が来る場合は、「～が必要です」という表現になります。

例 文

We need to change our password every month.
（毎月パスワードを変更する必要があります。）

We need to update the virus definitions.
（ウイルス定義を更新する必要があります。）

We need to catch up with our competitors.
（競合に追いつく必要があります。）

We need to expand our market share.
（マーケットシェアを拡大する必要があります。）

We need to build a sustainable business model.
（持続可能なビジネスモデルを確立する必要があります。）

We need to fix our sales plan by the end of this month.
（今月末までにセールス計画を固めなければなりません。）

ワンモアポイント

「～しなければならない」という表現に、「have to」があります。
「need to」は、自分の意志や必要性により、何かをする必要がある場合に使用します。一方、「have to」は、外的要因により何かをせざるを得ない場合に使用します。

16. We're planning to ～
（～する予定です）

「We're planning to ～」は、「～する予定です」と、予定を表す表現です。～には、動詞の原形がきます。

例文

We're planning to change our organization.
（組織変更を行う予定です。）

We're planning to revise the instruction manual.
（取扱説明書を改訂する予定です。）

We're planning to have a seminar in June.
（6月にセミナーを開催する予定です。）

We're planning to submit a report this afternoon.
（本日の午後、報告書を提出する予定です。）

We're planning to take you to Asakusa tomorrow.
（明日、あなたを浅草にご案内する予定です。）

We're planning to buy a new projector.
（新しいプロジェクタを購入する予定です。）

We're planning to launch our new model on May 1.
（5月1日に新モデルを発表する予定です。）

We're planning to invite a specialist.
（専門家を招待する予定です。）

We're planning to implement a marketing campaign next month.
（来月、マーケティングキャンペーンを実施する予定です。）

17. We're supposed to 〜

(〜することになっています)

「We're supposed to 〜」は、「〜することになっている」と予定や計画を表す表現です。単なる予定ではなく、規則、取決め、約束等によってすることになっているというニュアンスが含まれています。
〜には、動詞の原形がきます。
「We are」を「We were」と過去形に変えると、「〜するはずだった（が、実際にはしなかった）」という表現になります。

例 文

We're supposed to discuss next year's budget in September.
(9月に来年の予算について話し合うことになっています。)

We're supposed to have a weekly meeting on Monday.
(月曜日に週次ミーティングをすることになっています。)

We were supposed to renew our website yesterday, but it was postponed.
(昨日ウェブサイトをリニューアルすることになっていましたが、延期されました。)

We were supposed to visit ABC Company yesterday.
(昨日、ABC社を訪問するはずでした。)

We were supposed to hold a promotion seminar last week, but it was cancelled.
(先週、販促セミナーを開催することになっていましたが、中止になりました。)

18. We look forward to ～

（～を楽しみにしています）

「We look forward to ～」は、「～を楽しみにしています」という表現です。～には、名詞か動名詞（動詞の原形＋ing）がきますが、楽しみにしていることが物事のときには名詞、動作のときには動名詞になります。
なお、「We're looking forward to ～」と進行形にすることもありますが、「We look forward to ～」の方がフォーマルな印象を与えます。

例　文

We look forward to your order.
（ご注文を楽しみにしています。）

We look forward to your prompt reply.
（早急にご返信いただければ幸いです。）

We look forward to hearing from you.
（お返事をいただければ幸いです。）

We look forward to serving you again.
（またのご利用を楽しみにしています。）

We look forward to the next regular meeting.
（次回の定例会を楽しみにしています。）

We look forward to working with you in the near future.
（近々、一緒にお仕事ができることを楽しみにしています。）

We look forward to seeing you next week.
（来週お目にかかるのを楽しみにしています。）

19. I don't think ～

（～ではないと思います）

「I don't think ～」は、「～ではないと思います」という表現です。
～には、「主語＋動詞」がきます。
日本語から考えると、「I think ＋ 否定文」としがちですが、「I don't think ＋ 肯定文」で覚えましょう。

例 文

I don't think that's a good idea.
（よい考えではないと思います。）

I don't think we've met before.
（以前にお目にかかっていないと思います。）

I don't think we should do it.
（それをするべきではないと思います。）

I don't think we can meet the deadline.
（締切に間に合わないと思います。）

I don't think they offer a better price.
（彼らは値引きをしてこないと思います。）

I don't think we can change the specifications.
（仕様は変更できないと思います。）

I don't think the training business is profitable.
（研修事業は儲からないと思います。）

20. Thank you for ~

（～をありがとうございます）

「Thank you for ～」は、お礼を言うときの定番表現です。
～には、名詞か動名詞（動詞の原形＋ing）がきます。
「Thank you very much for ～」とすると、より丁寧な表現となります。
また、次ページで紹介する「appreciate」を使用すると、よりかしこまった
ニュアンスになります。

Thank you for your time.
（お時間をいただき、ありがとうございます。）

Thank you for the detailed information.
（詳細情報をありがとうございます。）

Thank you for your advice.
（アドバイスをありがとうございます。）

Thank you for visiting our office.
（弊社にお越しいただきまして、ありがとうございます。）

Thank you for reminding me.
（思い出させてくれて、ありがとうございます。）

Thank you very much for your support.
（ご支援いただき、まことにありがとうございます。）

Thank you for your cooperation.
（ご協力ありがとうございます。）

CD Track 21

21. We'd appreciate it if you could ~
（〜していただければ幸いです）

「We'd appreciate it if you could 〜」は、「〜していただければ幸いです」という表現です。
〜には、動詞の原形がきます。
こちらの要望を丁寧に伝えたいときに使える表現です。

例文

We'd appreciate it if you could let us know your availability.
（ご都合をお知らせいただければ幸いです。）

We'd appreciate it if you could send us your quote by tomorrow morning.
（明日の朝までにお見積もりをお送りいただければ幸いです。）

We'd appreciate it if you could give us a call.
（お電話いただければ幸いです。）

We'd appreciate it if you could join the meeting.
（その打ち合わせにご参加いただければ幸いです。）

ワンモアポイント

「We appreciate ＋ 名詞」とすると、「〜に感謝します」という表現になります。
- We appreciate your effort.
  （ご尽力に感謝します。）
- We appreciate your support.
  （ご支援に感謝します。）

22. I was wondering if 〜
（〜いただけないかと思いまして…）

「I was wondering if 〜」は、「〜いただけないかと思いまして…」と、謙虚に物事を依頼したり確認したりする表現です。
〜には、「主語＋動詞」がきます。

例　文

I was wondering if you could help me.
（私を助けていただけないかと思いまして…。）

I was wondering if we could meet sometime next week.
（来週のどこかでお目にかかれないかと思いまして…。）

I was wondering if you could move up the delivery date.
（納期を早めていただけないかと思いまして…。）

I was wondering if you could provide us additional information.
（追加の情報をご提供していただけないかと思いまして…。）

I was wondering if you've considered our proposal.
（弊社の提案を検討していただけたかと思いまして…。）

I was wondering if you would take care of this.
（こちらに対応していただけないかと思いまして…。）

23. You might want to ~

(～したらいかがでしょうか？)

「You might want to ～」は、「～したらいかがでしょうか？」と相手の自主性を尊重しつつ控えめに提案する表現です。
～には、動詞の原形がきます。
「～した方がよい」という表現として「You had better ～」がありますが、こちらは警告するような場合に使う表現ですので、提案するような場合には使いません。

例文

You might want to try this.
(こちらを試してみてはいかがでしょうか？)

You might want to take a look at the recent survey results.
(最近の調査結果を見てみてはいかがでしょうか？)

You might want to reconsider your strategy.
(戦略を再考してみてはいかがでしょうか？)

You might want to ask for professional advice.
(専門家の意見を聞いてみてはいかがでしょうか？)

You might want to remove this figure.
(この図を削除してみてはいかがでしょうか？)

You might want to prioritize your tasks.
(仕事に優先順位づけをしてはいかがでしょうか？)

You might want to do some research of the Asian market.
(アジア市場を調査してみてはいかがでしょうか？)

CD Track 24

24. How is (was) ～?
(～はいかがですか（いかがでしたか）？)

「How is ～」は、「～いかがですか？」と状況をたずねる表現です。
～には、名詞がきます。名詞が複数形の場合は、「How are ～」となります。
「is」を「was」と過去形にすると、「～はいかがでしたか？」と過去の状況をたずねる表現になります。さらに、現在進行形や現在完了形を持ってくることも可能です。

 例　文

How is your business?
(景気はいかがですか？)

How is the weather over there?
(そちらの天気はいかがですか？)

How are our sales this month?
(今月の売り上げはいかがですか？)

How was your weekend?
(週末はいかがでしたか？)

How was your flight?
(飛行機はいかがでしたか？)

How have you been?
(どうされていましたか？)

How is it going?
(どうなっていますか？)

25. Please feel free to ~

（お気軽に〜してください）

「Please feel free to ～」は、「お気軽に〜してください」「ご自由に〜してください」という表現です。
〜には、動詞の原形がきます。
メールの最後の挨拶文としてよく使う表現です。

Please feel free to drop by our office anytime.
（いつでもお気軽に弊社にお立ち寄りください。）

Please feel free to call me anytime.
（いつでもお気軽にお電話ください。）

Please feel free to link to our site.
（お気軽に弊社サイトにリンクをはってください。）

If you have any questions, please feel free to ask me.
（ご質問がございましたら、お気軽にご質問ください。）

If you need further information, please feel free to contact us.
（さらなる情報が必要でしたら、お気軽にご連絡ください。）

Please feel free to give us your feedback.
（お気軽にご意見をお寄せください。）

26. Please don't hesitate to 〜
（ご遠慮なく〜してください）

「Please don't hesitate to 〜」は、「ご遠慮なく〜してください」という表現です。
〜には、動詞の原形がきます。
「Please feel free to 〜」同様、メールの最後の挨拶文としてよく使う表現です。

例文

If you have any questions, please don't hesitate to ask me.
（ご質問がございましたら、ご遠慮なくご質問ください。）

If you need further information, please don't hesitate to contact us.
（さらなる情報が必要でしたら、ご遠慮なくご連絡ください。）

If there is anything else I can do for you, please don't hesitate to let me know.
（他にお役にたてることがありましたら、ご遠慮なくお知らせください。）

Please don't hesitate to email me at any time.
（いつでもご遠慮なくメールをください。）

Please don't hesitate to give us your feedback.
（ご遠慮なくご意見をください。）

CD Track 27

27. I'll let you know 〜

(〜をお知らせします)

「I'll let you know 〜」は、「〜をお知らせします」という表現です。
〜には、名詞や修飾語がきます。

例 文

I'll let you know as soon as possible.
(できるだけ早くお知らせします。)

I'll let you know my e-mail address later.
(後ほど、私のメールアドレスをお知らせします。)

I'll let you know the results in a few days.
(数日で結果をお知らせします。)

I'll let you know when I find out.
(わかり次第、お知らせします。)

I'll let you know when I get there.
(着いたらお知らせします。)

I'll let you know when I finish it.
(それが終わったらお知らせします。)

ワンモアポイント

「Let me know.(私にお知らせください。)」もよく使う表現ですので、一緒に覚えておきましょう。
If you have any questions, please let me know.(ご質問がございましたら、お知らせください。)

28. Please be informed that 〜

（〜をお知らせします）

「Please be informed that 〜」は、「I'll let you know 〜」同様、「〜をお知らせします」という表現ですが、受け身の形にすることにより丁寧にお知らせする表現となります。
〜には、「主語＋動詞」がきます。

例文

Please be informed that we've received your order.
（貴社のご注文を受領したことをお知らせします。）

Please be informed that your payment is overdue.
（支払期限が過ぎていることをお知らせします。）

Please be informed that we'll be closed on September 17.
（9月17日は休業となることをお知らせします。）

Please be informed that we've updated our system.
（弊社システムを更新したことをお知らせします。）

ワンモアポイント

「Please kindly be informed 〜」のように、kindly をつけることにより、より丁寧な表現となります。
また、「Please be advised that 〜」と「informed」を「advised」に変更すると、「ご了承ください」のように、より強制力が強まるニュアンスとなります。

29. We used to 〜

（以前は〜でした）

「We used to 〜」は、「以前〜だった」という表現で、「今は違うけど、前は〜だった」と言いたいときに使います。
〜には、動詞の原形がきます。
過去のある一時点のことについては使えませんので、注意しましょう。

例 文

We used to do business with ABC.
（以前は、ABCと取引きしていました。）

We used to have a sales office in Fukuoka.
（以前は、福岡に営業所がありました。）

We used to run a hotel.
（以前は、ホテルを経営していました。）

We used to work in the same department.
（以前は、同じ部署で働いていました。）

We used to have a weekly meeting.
（以前は、週次ミーティングをしていました。）

We used to have a business partnership with ABC.
（以前は、ABCと事業提携していました。）

ワンモアポイント

「We're used to 〜」とbe動詞を入れると、「〜に慣れている」という別の表現になりますので、注意しましょう。

30. I've been 〜

(ずっと〜です)

「I've been 〜」は、「ずっと〜です」と継続を表す表現です。
〜には、状態を表す形容詞や前置詞がきます。

例 文

I've been with the company for 10 years.
(弊社に10年勤務しています。)

I've been sick for a few days.
(ここ数日間具合が悪いです。)

I've been very busy since last Wednesday.
(先週の水曜日からずっと多忙です。)

I've been in Bangkok.
(バンコク滞在中です。)

I've been out of the office all day today.
(今日は終日外出していました。)

ワンモアポイント

「I've been 〜」には、「〜したことがあります」という意味になる経験の用法もあります。
I've been to New York. (私はニューヨークに行ったことがあります。)
I've never been to New York.
(私はニューヨークに行ったことがありません。)

31. We've decided to ～

（～することにしました）

「We've decided to ～」は、「～することにしました」という表現です。
～には、動詞の原形がきます。
また、「We've decided not to ～」とすると、「～しないことを決めた」となります。

例 文

We've decided to change the price structure.
（価格構造を変更することにしました。）

We've decided to expand the product line.
（生産ラインを拡大することにしました。）

We've decided to shift our production overseas.
（生産を海外に移すことにしました。）

We've decided to penetrate the Indian market.
（インド市場に進出することにしました。）

We've decided to do business with ABC.
（ABC と取引きすることにしました。）

We've decided not to renew our contract.
（我々の契約を更新しないことにしました。）

We've decided not to procure raw materials from overseas.
（海外から原材料を調達しないことにしました。）

32. We're concerned about 〜

（〜について懸念しています）

「We're concerned about 〜」は、「〜について懸念しています」「〜が気がかりです」と懸念事項を伝える表現です。
〜には、名詞がきます。
「We're a little concerned about 〜」とすると、「〜について少し懸念している」という表現になります。

例文

We're concerned about the quality.
（品質について懸念しています。）

We're concerned about our budget next year.
（我々の来年の予算が気がかりです。）

We're concerned about the delivery date.
（納期が気がかりです。）

We're concerned about energy supply.
（エネルギーの供給について懸念しています。）

We're concerned about their overseas manufacturing capability.
（彼らの海外の生産能力について懸念しています。）

We're concerned about the impact of the regulations.
（規制の影響について懸念しています。）

We're a little concerned about the additional costs.
（追加のコストについて、少し懸念しています。）

We're concerned about the human rights issues.
（人権問題について懸念しています。）

33. Here is 〜

（こちらが〜です）

「Here is 〜」は、「こちらは〜です」という表現です。
〜には名詞がきますが、その名詞が単数の場合には「Here is 〜」、複数の場合には「Here are 〜」となります。

例文

Here is my cell phone number.
（こちらが私の携帯番号です。）

Here is my business card.
（私の名刺です。）

Here is our company brochure.
（弊社の会社案内です。）

Here is your ticket.
（こちらがあなたのチケットです。）

Here is the list.
（こちらがリストです。）

Here is an example.
（こちらが例です。）

Here are the results of the questionnaire.
（こちらがアンケートの結果です。）

34. We have 〜

(〜があります)

「We have 〜」は、「〜があります」という表現です。
〜には、名詞がきます。
「〜があります」というと、「There is / are 〜」を使いたくなりますが、「We have 〜」も覚えておきましょう。
「We had」とすると、過去にあったことを表すことができます。

例 文

We have 2 sales offices in Tokyo.
(東京に営業所が2カ所あります。)

We have 6 divisions.
(弊社には、6部門あります。)

We have 3 models.
(3モデルあります。)

We have around 300 employees.
(約300名の従業員がいます。)

We have a sales meeting all day tomorrow.
(明日は終日営業会議があります。)

We have a serious problem.
(重大な問題があります。)

We have some questions.
(いくつか質問があります。)

We had a long meeting yesterday.
(昨日は長時間のミーティングがありました。)

CD Track 35

35. It depends on ~

(～によります)

「It depends on ～」は、「～によります」「～次第です」という表現です。～には名詞がきますが、「疑問詞＋主語＋動詞」を持ってくることもできます。

例文

It depends on the situation.
(状況によります。)

It depends on the day.
(日によります。)

It depends on the budget.
(予算によります。)

It depends on the progress.
(進捗状況次第です。)

It depends on the case.
(ケースバイケースです。)

It depends on when you'd like to start.
(いつ開始したいかによります。)

ワンモアポイント

「That depends.（場合によりますね。）」という表現もよく使いますので、覚えておきましょう。

36. It seems ～

（～のようです）

「It seems ～」は、「～のようです」と、推察のニュアンスを含んだ表現です。何かを伝える際に婉曲的に伝えたいときなどに使える表現です。

例　文

It seems that we need more information.
（もっと情報が必要なようです。）

It seems that there's a mistake in the price on the invoice.
（請求書の金額に間違いがあるようです。）

It seems that the problem hasn't been resolved yet.
（問題はまだ解決していないようです。）

It seems that the copy machine doesn't work.
（そのコピー機は壊れているようです。）

It seems to me that fixed costs are too expensive.
（私には、固定費が高すぎるように思えます。）

ワンモアポイント

「It seems that ～」の「that」以下の主語を主語にして、「主語 seem(s) to 動詞の原形」で同じ意味を表すことができます。
It seems that she is busy.（彼女は忙しいようです。）
She seems to be busy.（彼女は忙しいようです。）

37. Compared to / with ～

（～と比較すると）

「Compared to / with ～」は、「～と比較すると」と比較する際に使う表現です。
～には、名詞がきます。

例　文

Compared to / with Taiwan,
（台湾と比較すると、）

Compared to / with last year,
（昨年と比較すると、）

Compared to / with the previous model,
（前モデルと比較すると、）

Compared to / with others,
（他と比較すると、）

Compared to / with our competitors,
（競合と比較すると、）

Compared to / with before,
（以前と比較すると、）

Compared to / with yesterday,
（昨日と比較すると、）

Compared to / with 5 years ago,
（5年前と比較すると、）

CD Track 38

38. Due to 〜

（〜により）

「Due to 〜」は、「〜により」「〜が原因で」と、理由を表す表現です。〜には、名詞がきます。

例　文

Due to this reason,
（この理由により、）

Due to this change,
（この変更により、）

Due to the cultural differences,
（文化の違いにより、）

Due to the typhoon,
（台風により、）

Due to the delay in delivery,
（納品遅延により、）

Due to lack of planning,
（計画性のなさにより、）

Due to our company policy,
（弊社の会社方針により、）

Due to the bad weather,
（悪天候により、）

39. In terms of ～

（～の観点から）

「In terms of ～」は、「～の観点から」「～の点で」という表現です。
～には、名詞がきます。

例文

In terms of price,
（価格の観点から、）

In terms of quality,
（品質の観点から、）

In terms of durability,
（耐久性の観点から、）

In terms of security,
（安全性の観点から、）

In terms of profit,
（利益の観点から、）

In terms of user-friendliness,
（使いやすさの観点から、）

In terms of accuracy,
（正確性の観点から、）

In terms of reliability,
（信頼性の観点から、）

40. the following ～

（次の～）

「the following ～」は、「次の～」「以下の～」という表現で、メールでよく使います。
～には、名詞がきます。
なお、「The following is / are ～（以下は～です）」のように、「following」を名詞として使用することも可能です。

例　文

Could you provide us with the following information?
（以下の情報をいただけますか？）

You can view the following site for some more information.
（さらなる情報は、以下のサイトでご覧いただけます。）

You can choose from the following options:
（以下の選択肢からお選びいただけます。）

We need to satisfy the following conditions:
（以下の条件を満たす必要があります。）

ワンモアポイント

「as follows:（次の通り、～）」という表現もよく使います。
The results are as follows:（結果は以下の通りです。）

似た表現で「below（次の）」もよく使われます。
Please see my comments below.（下の私のコメントをご覧ください。）

第2章

場面別・機能別 会社でよく使う表現

CD Track 41

1. 挨拶・紹介

出会ったとき

I'm Tomoko Sato from ABC Corporation.
(ABC社の佐藤知子です。)

Nice to meet you.
(お目にかかれてうれしいです、はじめまして。)

> **ワンポイント** 初めて会ったときに使う表現です。

Nice to see you again.
(またお目にかかれてうれしいです。)

> **ワンポイント** 会うのが2回目以降の挨拶で使います。会うのが2回目以降の場合は、「meet」ではなく、「see」を使います。

I'm pleased to meet you.
(お目にかかれてうれしいです。)

It's a pleasure to meet you.
(お目にかかれてうれしいです。)

It's an honor to meet you.
(お目にかかれて光栄です。)

Have we met before?
(以前、お目にかかりましたか?)

I don't think we've met before.
(初めてお目にかかると思います。)

I haven't seen you for a long time.
(ご無沙汰しております。)

How have you been?
(どうされていましたか？)

I've heard a lot about you.
(お噂はかねがね伺っております。)

How is your business?
(景気はいかがですか？)

How was the flight?
(飛行機はいかがでしたか？)

Do you have jet lag?
(時差ボケはありますか？)

You must be tired.
(お疲れでしょう。)

I'm looking forward to working with you.
(一緒にお仕事ができるのを楽しみにしています。)

自己紹介 CD Track 42

Please allow me to introduce myself.
(自己紹介させてください。)

Please let me introduce myself.
(自己紹介させてください。)

I'm Keiko Tanaka.
(田中恵子と申します。)

My name is Tomoko Sato.
(私は佐藤知子と申します。)

Please call me Eri.
(エリと呼んでください。)

I work for ABC.
(私はABCで働いています。)

I'm the marketing manager.
(私はマーケティングマネージャーです。)

I'm the manager of the sales department.
(私はセールス部のマネージャーです。)

I'm responsible for public relations.
(私は広報の責任者です。)

I'm in charge of business development.
(私は事業開発を担当しています。)

> **ワンポイント** 「be in charge of 〜」〜を担当して

I'm in charge of this project.
(私はこのプロジェクトを担当しています。)

I'm handling recruitment.
(私は採用を担当しています。)

I'm in the quality assurance department.
(私は品質保証部に所属しています。)

I've been working with ABC for 8 years.
(私は8年間、ABC社に勤務しています。)

I do sales.
（私は営業をしています。）

I was hired to work as an engineer.
（私はエンジニアとして雇われました。）

I haven't changed jobs.
（私は転職したことがありません。）

> **ワンポイント**　「change jobs」転職する

May I have your business card?
（名刺をいただけますか？）

Here is my business card.
（私の名刺です。）

This is my e-mail address.
（こちらが私のEメールアドレスです。）

他人を紹介する　　　　　　　　　　　CD Track 43

I'd like to introduce our business manager, Kenji Suzuki.
（我々の事業部長である鈴木健二をご紹介させていただきます。）

> **ワンポイント**　紹介する際には、まずゲストに自社のメンバーを紹介します。

May I introduce our technical manager?
（弊社の技術部長をご紹介してもよろしいですか？）

Let me introduce my colleague.
（同僚を紹介させてください。）

This is Mr. Tanaka, our technical manager.
（こちらが技術部長の田中です。）

He's on the sales side.
(彼は営業の人間です。)

She is a secretary to Mr. Jones.
(彼女はジョーンズさんの秘書です。)

> ワンポイント　「a secretary to ～」～の秘書

I'd like to introduce you to our staff.
(我々のスタッフをご紹介します。)

He works in the design department.
(彼は設計部に勤務しています。)

She used to be in charge of purchasing.
(彼女は以前、購買を担当していました。)

She can't speak English at all.
(彼女は英語がまったく話せません。)

> ワンポイント　「not at all」まったく～ない

会社を紹介する　　　　　　　　　　CD Track 44

We're a market research company.
(弊社は市場調査会社です。)

We're one of the leading pharmaceutical companies.
(弊社は、大手製薬会社のひとつです。)

> ワンポイント　「leading company」大手企業、トップ企業
> 　　　　　　　「one of the ～ (※ ～は複数形)」～のひとつで

We're a mid-sized company.
(弊社は中規模企業です。)

> ワンポイント　「small-sized」小規模の

We're one of the leading food manufacturers in Japan.
(弊社は、日本の大手食品メーカーのひとつです。)

> **ワンポイント**　「manufacturer」製造業者、メーカー

We're the second largest manufacturer of electronic components in Japan.
(弊社は、日本では2番目に大きい電子部品メーカーです。)

We started as a manufacturer of cosmetics.
(弊社は、化粧品メーカーとして発足しました。)

We were established in 1960.
(弊社は、1960年に設立されました。)

We've been in business since 1960.
(弊社は、1960年に創業しました。)

We've been in business for a hundred years.
(弊社は100年、事業を行っています。)

We've been in this industry for 50 years.
(弊社は50年、この業界に従事しています。)

We're listed on the Tokyo Stock Exchange.
(弊社は、東京証券取引所に上場しています。)

Our head office is in Marunouchi.
(本社は丸の内にあります。)

We've acquired XY Inc.
(弊社は、XY社を買収しました。)

We've just merged with XY Corporation.
(弊社は、XY社と合併したばかりです。)

> **ワンポイント**　「merge with 〜」〜と合併する

We merged with XY Inc. in 2000.
(弊社は、2000年に XY 社と合併しました。)

We form an alliance with XY Inc.
(弊社は、XY 社と提携しています。)

We form a capital alliance with XY Inc.
(弊社は、XY 社と資本提携しています。)

We were absorbed into ABC Group.
(弊社は、ABC グループに吸収されました。)

> **ワンポイント**　「be absorbed into 〜」〜に吸収される

We're supposed to be absorbed into ABC Group.
(弊社は、ABC グループに吸収されることになっています。)

We have a subsidiary in Kobe.
(弊社は、神戸に子会社があります。)

We have 3 branches in Japan.
(弊社は、日本に3つ支店があります。)

We don't have any branch offices outside of Japan.
(弊社は、国外に支店はありません。)

We have 100 factories all over the world.
(弊社は、世界中に100の工場があります。)

We have about 300 employees.
(弊社には、約300名の従業員がいます。)

We have more than 200 employees.
(弊社には、200名を超える従業員がいます。)

ワンポイント　「more than 〜」〜を超える。「〜以上」ではないことに注意しましょう。
「〜 and more」とすると、〜以上となります。

Sales were 3 billion yen last year.
(昨年は、売り上げが30億円でした。)

We're doing business with XY Company.
(弊社は、XY 社と取引しています。)

XY is our competitor.
(XY 社は、弊社の競合です。)

We're going to move in March.
(弊社は、3月に移転します。)

We specialize in IT consulting.
(弊社は、IT コンサルティングを専門にしています。)

Our core business is IT service.
(弊社の主力事業は、IT サービスです。)

We consist of 5 divisions.
(弊社は、5つの事業部で構成されています。)

We do business globally.
(弊社は、グローバルでビジネスを行っています。)

We expanded our business to Canada last year.
(我々は昨年、ビジネスをカナダに拡大しました。)

We're capitalized at 100 million yen.
(資本金は1億円です。)

Our annual revenue is about 300 million yen.
(弊社の年商は、約3億円です。)

Our sales last year were 2 billion yen.
(昨年の売上げは、20億円でした。)

We achieved our sales target last year.
(我々は、昨年の売上目標を達成しました。)

We're the market leader in this industry.
(弊社は、この業界におけるマーケットリーダーです。)

We dominate the market share in this field.
(弊社は、この分野でシェアを独占しています。)

We have a 15% share of the market.
(弊社は、市場の15%のシェアを持っています。)

We're developing new software.
(弊社は、新しいソフトウェアを開発中です。)

※会社概要を説明する際によく使う表現や単語は、第4章にまとめてありますので、参考にしてください。

異動・退職

I'll be transferred to the sales department.
(営業部に異動になります。)

ワンポイント　「be transferred to 〜」〜に異動になる

I'll be transferred to another department.
(他部署に異動になります。)

I'll be transferred to our Osaka Branch.
(大阪支店に異動になります。)

I was transferred to the overseas division a week ago.
(1週間前に海外事業部に異動になりました。)

She is my successor.
(彼女が私の後任です。)

I'll retire from ABC Company on March 31.
(3月31日をもって、ABC 社を定年退職します。)

相手のことを尋ねる　　　CD Track 46

What company do you work for?
(どちらに勤務されていますか？)

What does your company do?
(貴社は何をされていますか？)

What's your major business?
(貴社の主要業務は何ですか？)

What floor is your office on?
(オフィスは何階ですか？)

How long have you worked for the company?
(どれぐらいこの会社に勤務されているのですか？)

別れ際　　　CD Track 47

Nice meeting you.
(お目にかかれてよかったです。)

Nice seeing you.
(お目にかかれてよかったです。)

It was nice talking to you.
(お話しできてよかったです。)

I'm looking forward to seeing you again.
(またお目にかかれることを楽しみにしています。)

I have to go now.
(もう失礼しなければなりません。)

I have to go back to the office.
(オフィスに戻らなければなりません。)

Please keep in touch.
(今後も連絡を取り合いましょう。)

Please give my best regards to Ms. Jones.
(ジョーンズさんによろしくお伝えください。)

Thank you very much for taking time to meet us today.
(本日はお時間をいただきまして、どうもありがとうございました。)

2. 電　話

電話をかける／受ける

Hello.
(もしもし。)

This is Sasaki from ABC Corporation.
(ABC社の佐々木と申します。)

May I speak to Mr. White?
(ホワイトさんをお願いできますか？)

May I talk to Ms. Smith?
(スミスさんをお願いできますか？)

I'd like to speak to someone in charge of sales.
(営業担当の方をお願いしたいのですが。)

Can I have extension 3156, please?
(内線3156をお願いします。)

I'm calling you about the payment.
(お支払いについてお電話させていただいております。)

May I ask who's calling?
(どちら様でしょうか？)

Who's calling, please?
(どちら様ですか？)

May I have your company name, please?
(貴社名をお伺いしてもよろしいですか？)

May I ask the purpose of your call?
(ご用件をお伺いしてもよろしいですか？)

Hold on, please.
(少々お待ちください。)

One moment, please.
(少々お待ちください。)

I'll put you through to Mr. Tanaka.
(田中におつなぎします。)

I'll connect you with the sales department.
(営業部におつなぎいたします。)

Let me connect you with the accounting department.
(経理部におつなぎいたします。)

We have two Satos.
(佐藤は2人おりますが。)

We don't have anybody by that name.
(そのような者はおりません。)

There's no such person here.
(そのような者はおりません。)

She's no longer with our company.
(彼女は退職いたしました。)

She no longer works here.
(彼女は退職いたしました。)

Speaking.
(〈自分が電話を受けたとき〉私ですが。)

This is he. (男性の場合) / This is she. (女性の場合)
(〈自分が電話を受けたとき〉私ですが。)

Thank you for waiting.
(お待たせいたしました。)

Is this a good time for you to talk?
(今お話ししてもよろしいでしょうか？)

指名した／された人が不在の場合
CD Track 49

I'm afraid her line is busy.
(申し訳ございませんが、他の電話に出ております。)

She's on another line.
(他の電話に出ております。)

She's not at her desk at the moment.
(ただいま席をはずしております。)

He's away from his desk at the moment.
(ただいま席をはずしております。)

He's out of the office.
(外出しております。)

He's on a business trip.
(出張中です。)

He's overseas on business.
(海外出張中です。)

He's out to lunch now.
(ただいま、昼食に出ております。)

He's in a meeting now.
(ただいま会議中です。)

Let me check his schedule.
(スケジュールを確認いたします。)

Will she be back soon?
(彼女はすぐにお戻りになりますか？)

She'll be back in 10 minutes.
(10分で戻ると思います。)

> **ワンポイント** 「in 時間 [minute(s), hour(s)]」～時間 [分、時間] 後に

He'll be back around 5 o'clock.
(5時頃戻ると思います。)

He should be back by 5 o'clock.
(5時までに戻る予定です。)

> **ワンポイント** 「by ～」～までに（until と間違えやすいので注意しましょう）

He won't be back today.
(本日は戻りません。)

He's gone for the day.
(本日は退社いたしました。)

He's left the office for the day.
(本日は退社いたしました。)

I'm afraid he's left for the day.
(あいにく、本日は退社いたしました。)

He left the office a few minutes ago.
(数分前にオフィスを出ました。)

She went out about an hour ago.
(1時間ほど前に外出しました。)

She won't be back until next week.
(来週まで戻りません。)

He'll be in tomorrow.
(明日は出社の予定です。)

He won't go out tomorrow.
(明日は外出しないと思います。)

He hasn't come back yet.
(まだ戻っておりません。)

She's off today.
(本日はお休みをいただいております。)

He's taking a day off today.
(本日はお休みをいただいております。)

He's been transferred to the Nagoya Branch.
(名古屋支店に転勤になりました。)

Shall I have him call you?
(こちらからお電話させましょうか？)

> **ワンポイント** 「have＋人＋動詞の原形」人に～させる

May I have your phone number?
(電話番号をいただけますか？)

I'll call again.
（またお電話します。）

I'll call her in 15 minutes.
（15分後にかけ直します。）

May I speak to someone else in charge?
（他の担当の方とお話しさせていただけますか？）

伝言　　　　　　　　　　　　　　　　　　　CD Track 50

Shall I take a message?
（ご伝言を承りましょうか？）

May I take a message?
（ご伝言を承りましょうか？）

Would you like to leave a message?
（ご伝言はございますか？）

I'd like to leave a message.
（ご伝言をお願いします。）

Could you take a message for her?
（ご伝言をお願いできますか？）

Please tell her to call me on my cell phone.
（携帯電話にお電話をいただけるよう、お伝えください。）

ワンポイント　（米）cell（phone）／（英）mobile（phone）

Please call me on my cell phone at 090-1234-5678.
（私の携帯電話、090-1234-5678にお電話ください。）

Could you tell him that I called?
(電話があったことをお伝えいただけますか？)

Would you just tell her that I called?
(電話があったことだけお伝えいただけますか？)

Please tell him that I called.
(電話があったことをお伝えください。)

He has my phone number.
(彼は私の電話番号をご存じです。)

How do you spell your name?
(あなたの名前はどうつづりますか？)

It's M-A-K-I.
(M（エム）・A（エー）・K（ケー）・I（アイ）です。)

電話を切るとき　　　　　　　　　　CD Track 51

I'll give him the message.
(ご伝言を申し伝えます。)

Let me confirm your phone number.
(お電話番号を確認させてください。)

May I have your name again?
(もう一度、お名前を伺えますか？)

I'll check into it and get back to you.
(お調べして、後ほどご連絡します。)

Thank you for calling.
(お電話ありがとうございました。)

電話でのトラブル　　CD Track 52

Excuse me?
(何とおっしゃいましたか？)

Could you repeat that, please?
(もう一度おっしゃっていただけますか？)

I can't hear you very well.
(お電話が遠いようです〈よく聞こえません〉。)

You have the wrong number.
(電話番号をお間違えです。)

I must have the wrong number.
(電話番号を間違えたようです。)

Could you speak up a little?
(もう少し大きな声でお話いただけますか？)

Could you speak a little more slowly?
(もう少しゆっくりお話いただけますか？)

I have bad reception.
(電波が悪いです。)

第2章 場面別・機能別会社で使う表現（電話）

電話番号の読み方

①数字を1つずつ読む
　例）03-1234-5678の読み方：
　　　o-three（または zero-three）, one-two-three-four, five-six-seven-eight

②同じ番号の繰り返しがある場合、「double」を使って読む
　例）1233の読み方：One-two-double-three

③百や千の単位が最後に来る場合、『hundred』や『thousand』を使って読む
　例）2200の読み方：Twenty-two-hundred
　　　2000の読み方：Two-thousand

3. アポイントメント

アポイントメントをとる

I'd like to see you next Tuesday if you have time.
(お時間がありましたら、来週の火曜日にお目にかかりたいのですが。)

I'd like to discuss the details of our contract.
(契約の詳細について話し合いたいのですが。)

I'm just calling to confirm my appointment tomorrow.
(明日のお約束の確認で、お電話させていただいております。)

日程調整

When will be convenient for you?
(いつがご都合よろしいでしょうか?)

What time would be good for you?
(何時がよろしいでしょうか?)

What time would be convenient for you?
(何時がご都合よろしいですか?)

Do you have time next Monday?
(来週の月曜日はお時間ありますか?)

How about tomorrow afternoon?
(明日の午後はいかがですか?)

Let me check my schedule.
(予定を確認します。)

I can see you tomorrow afternoon.
(明日の午後、お会いできます。)

I can make it sometime next week.
(来週でしたら結構です。)

> **ワンポイント**　「make it」都合がつく

Any time except tomorrow would be fine.
(明日以外でしたら結構です。)

> **ワンポイント**　「except ～」～以外は、～を除いては

I can't make it that day.
(その日は都合がつきません。)

I already have something scheduled for that day.
(その日は先約があります。)

I'm afraid I don't have time this week.
(申し訳ありませんが、今週は時間がとれません。)

My schedule's pretty tight next week.
(来週は予定が詰まっています。)

I prefer the morning.
(午前中がありがたいのですが。)

> **ワンポイント**　「prefer」望ましい

Any time in the morning would be fine.
(午前中であれば何時でも結構です。)

Either day will be fine with me.
(いずれの日も結構です。)

> **ワンポイント**　「either」どちらの～でも

Where shall we meet?
(どこでお会いしましょうか?)

Why don't we meet in the lobby at ABC Hotel?
(ABCホテルのロビーで会いませんか?)

I'll come to your office.
(貴社に伺います。)

I'll be in your office around 11 tomorrow.
(明日の11時頃、貴社にお伺いします。)

Could you come to our office?
(弊社の事務所までご足労いただけませんか?)

When you come to the reception desk, please call me on extension 123.
(受付に来られたら、内線123番までお電話ください。)

I'll be expecting you at 1 tomorrow.
(明日の1時にお待ちしております。)

日程変更
CD Track 55

I'd like to change the day of my appointment with you.
(お約束の日を変更させていただきたいのですが。)

Could I change my appointment to 1:30?
(お約束の時間を1時半に変更してもよろしいでしょうか?)

Something urgent has come up.
(急用ができてしまいました。)

来客・訪問　　　　　　　　　　　　　CD Track 56

Do you have an appointment with her?
(お約束されていますか？)

May I ask the purpose of your visit?
(ご用件を伺ってもよろしいですか？)

I have an appointment with Ms. Smith at 10 o'clock.
(スミスさんと10時にお約束しています。)

We've been expecting you.
(お待ちしておりました。)

Mr. Sato will be here shortly.
(佐藤はすぐに参ります。)

Thank you very much for coming.
(お越しいただき、どうもありがとうございます。)

Please go up to the third floor.
(3階にお上がりください。)

This way, please.
(どうぞ、こちらです。)

After you.
(お先にどうぞ。)

> ワンポイント　エレベータや入口などで相手を先に通すときに使います。

I'm sorry to have kept you waiting.
(お待たせして申し訳ございません。)

Please have a seat.
(どうぞおかけください。)

Please put this badge on.
（このバッジを着けてください。）

What would you like to drink?
（お飲み物は何がよろしいですか？）

Would you like some coffee?
（コーヒーはいかがですか？）

Did you find the way to our office easily?
（オフィスはすぐに分かりましたか？）

Here is your itinerary.
（こちらが日程表です。）

I'll take you to the hotel.
（ホテルにご案内します。）

I'll pick you up around 9 a.m. tomorrow.
（明日午前9時にお迎えにまいります。）

I'll be waiting for you in the hotel lobby at 6:30.
（6時半にホテルのロビーでお待ちしております。）

I'll take the aisle seat.
（私が通路側の席に座ります。）

Please take the window seat.
（窓側の席におかけください。）

You can get some rest.
（少しお休みください。）

接待

I'd like to invite you to dinner tomorrow.
(明日、夕食にお招きしたいのですが。)

Do you have any plans for tonight?
(今夜、ご予定はおありですか?)

What kind of food would you like to try?
(どのようなものを召し上がりたいですか?)

Have you ever tried Japanese food?
(日本食を召し上がったことはありますか?)

What would you like to eat for lunch?
(昼食に何を召し上がりたいですか?)

Is there anything you can't eat?
(食べられないものはありますか?)

Let's start with a beer.
(ビールから始めましょう。)

I'll take care of the bill.
(お勘定はこちらで払います。)

ワンポイント 「take care of ～」 ～の面倒をみる、対応する

4. ミーティング

会議の進行

May I have your attention, please?
(では、みなさんよろしいでしょうか?)

Today's agenda is about our new service.
(本日の議題は、我々の新サービスについてです。)

Let's change the subject.
(議題を変えましょう。)

Let's go on to the next subject.
(次の議題に移りましょう。)

We'd like to talk about the next issue.
(次の問題について話し合いましょう。)

Let's get back to the subject.
(議題に戻りましょう。)

Do you have any questions so far?
(これまでのところでご質問はありますか?)

Let's go over what we've agreed on so far.
(これまで合意したことを振り返ってみましょう。)

Let's have a 15-minute break.
(15分の休憩をとりましょう。)

Let's take a short break until 2:30.
(2時半まで休憩にしましょう。)

Let's talk about it last.
(それは最後に話しましょう。)

Let's discuss the rest at the next meeting.
(残りは次の打ち合わせで話し合いましょう。)

Have we discussed everything?
(すべて話し合いましたか?)

Are there any other things we have to discuss today?
(本日他に話し合っておくことはありますか?)

Let's wrap up today's discussion.
(本日の話し合いをまとめましょう。)

Let's summarize today's discussion.
(本日の話し合いを要約しましょう。)

Let's go over the action we need.
(必要なアクションをおさらいしましょう。)

That's all for today.
(本日は以上で終わりです。)

When shall we have our next meeting?
(次回のミーティングは、いつにしましょうか?)

The next meeting will be on Tuesday December 3.
(次回のミーティングは、12月3日の火曜日です。)

意見交換

What about you?
(あなたはいかがですか?)

How about you?
(あなたはいかがですか?)

Let me share our ideas with you.
(我々の考えを共有させてください。)

What's your opinion?
(あなたの意見はいかがですか?)

What's your view on this?
(これについてのあなたの見解はいかがですか?)

What do you think of this proposal?
(この提案についてどう思われますか?)

What did you think of his presentation?
(彼のプレゼンテーションをどう思われましたか?)

Are there any other opinions?
(他にご意見はありますか?)

Do you have anything to add?
(何かつけ加えることはありますか?)

I'd like to make a comment on that.
(それについてコメントさせていただきたいのですが。)

I'd like to add one more thing.
(もう1つ付け加えたいのですが。)

May I interrupt you?
(お邪魔してもよろしいですか？)

Why do you think so?
(どうしてそう思うのですか？)

What're the pros and cons of this project?
(このプロジェクトの長所と短所は何ですか？)

> **ワンポイント**　「pros and cons」長所と短所

I believe that this strategy would work.
(この戦略はうまくいくと信じています。)

> **ワンポイント**　「work」うまくいく、機能する

賛成する
CD Track 60

Exactly.
(そのとおりです〈強く同意する〉。)

Absolutely.
(そのとおりです〈強く同意する〉。)

Certainly.
(そうですね。)

Sure.
(そうですね。)

I agree with you.
(あなたに賛成です。)

I totally agree with you.
(まったく同感です。)

第2章　場面別・機能別会社で使う表現（ミーティング）

I basically agree with you.
(基本的には同感です。)

You're right.
(おっしゃるとおりです。)

That's right.
(そのとおりです。)

I think so, too.
(私もそう思います。)

That's a good idea.
(それはよい考えですね。)

I think that's a good idea.
(よい考えだと思います。)

That would be a good solution.
(それはいい解決策だと思います。)

反対する

CD Track 61

I don't think so.
(そうは思いません。)

I don't agree.
(反対です。)

I have a different opinion.
(私は違った意見を持っています。)

I have a slightly different opinion.
(私は少し違った意見を持っています。)

I have a totally different opinion.
(私はまったく違った意見を持っています。)

That's a different issue.
(それは別の問題です。)

The problem is the cost.
(問題はコストです。)

わからなかったとき・確認する

Would you mind repeating that?
(もう一度言っていただけますか？)

Could you repeat that, again?
(もう一度言っていただけますか？)

Could you elaborate on that?
(具体的に言っていただけますか？)

Could you explain that in more detail?
(もう少し詳しくご説明いただけますか？)

Could you say that in another way?
(他の言い方で言っていただけますか？)

What do you mean by that?
(それはどういう意味ですか？)

What does "BCP" stand for?
(BCPは何の略ですか？)

I'm not sure if I understand.
(理解しているかどうかが分かりません。)

5. 商　談

問い合わせ・見積もり

We'd like to have some information about your products.
(貴社の製品についての資料をいただきたいのですが。)

We'd like to know about your products.
(貴社の製品について知りたいのですが。)

We'd like to know more about the specifications of your Y-1.
(貴社のY-1の仕様についてもっと知りたいのですが。)

We'd like to know more about your business.
(貴社の事業についてもっと知りたいのですが。)

We're looking for a company to provide translation services.
(翻訳サービスを提供している会社を探しています。)

Are you doing business in China?
(貴社は中国でビジネスをされていますか？)

We'd like a quotation for 200 units of X.
(X200個のお見積もりをいただきたいのですが。)

We need an estimate.
(見積もりが必要です。)

Could you submit your quotation in a week?
（1週間以内にお見積もりをご提出いただけますか？）

Please include the shipping costs in your quote.
（見積もりの際に、送料を含めてください。）

We'd like to pay in three installments.
（3分割でお支払いしたいのですが。）

> **ワンポイント**　「pay in installments」分割で支払う

We'd like to confirm the details of the contract.
（契約の詳細を確認させていただきたいのですが。）

We'll send you a product sample by air.
（航空便でサンプルをお送りします。）

Do you have any XY-1 in stock?
（XY-1の在庫はありますか？）

We currently have 100 units in stock.
（現在、100台の在庫があります。）

We're out of stock on that item.
（そちらの商品については在庫を切らしています。）

The product is currently out of stock.
（その製品は現在、在庫を切らしています。）

We expect that product to come in around August 15.
（その製品は8月15日頃、入荷予定です。）

We no longer manufacture the product.
（その製品は、製造中止となっています。）

That model will be on the market next month.
（そのモデルは、来月発売予定です。）

We'd like to see the actual color.
（実際の色を見てみたいのですが。）

Do you have any color samples?
（色見本はありますか？）

What kind of options do you have?
（どんな選択肢がありますか？）

When is the launch of your new car?
（新車の発売はいつですか？）

What should we do to attend your seminar on July 18?
（7月18日のセミナーに参加するにはどうすればよろしいですか？）

What're your business hours?
（貴社の営業時間はどのようになっていますか？）

We can't access your website.
（貴社のウェブサイトにアクセスできません。）

I'll check it and get back to you.
（調べて折り返しご連絡いたします。）

売り込み・プロモーション　　　　CD Track 64

Have you introduced an inventory management system yet?
（貴社では、在庫管理システムを導入されていますか？）

Are you looking for a business partner?
(貴社は提携先をお探しですか？)

We've already made a contract with a different supplier.
(すでに他の供給者と契約しています。)

We can give you a free sample.
(無料サンプルを差し上げられます。)

You can try our service free for a month.
(1カ月間、無料で弊社のサービスをお試しいただけます。)

フォローアップ　　　　　　　　　　　　　CD Track 65

Have you had a chance to look over our information packet?
(弊社の資料をご覧いただけましたでしょうか？)

Have you had a chance to discuss our offer?
(弊社の提案についてご検討いただけましたでしょうか？)

Have you tried the sample of our new product?
(弊社の新商品のサンプルをお試しになりましたか？)

商品説明　　　　　　　　　　　　　　　　CD Track 66

This is our new model.
(こちらが最新モデルです。)

Here is a basic plan.
(こちらがベーシックプランです。)

This is our best-selling product.
(こちらが弊社で一番売れている商品です。)

This model is very popular with the younger generation.
(このモデルは、若い世代にとても人気があります。)

This is made of plastic.
(こちらは、プラスチック製です。)

One of the distinctive features is its durability.
(際立った特徴の1つは、その耐久性です。)

The most distinctive feature is that it's "easily operated."
(最大の特徴は、「簡単な操作性」です。)

We recommend this model for your company.
(貴社には、このモデルをお奨めします。)

We'd recommend type A.
(Aタイプをお奨めします。)

There're a lot of differences between our service and theirs.
(弊社のサービスと彼らのサービスには、多くの違いがあります。)

There're some similarities between our service and theirs.
(弊社のサービスと彼らのサービスには、いくつか類似点があります。)

Our specs are slightly different from others.
(我々の仕様は、他のものと少々異なっています。)

ワンポイント 「specs」仕様（specifications の省略形です。）

交渉　　　　　　　　　　　　　　　　　　　CD Track 67

I'd like to hear your offer.
(貴社のご提案をお聞かせください。)

May I ask your opinion on this offer?
(こちらの提案について、ご意見を伺えますか？)

What do you think about this offer?
(こちらの提案について、どう思われますか？)

〈価格交渉〉

We'd like to negotiate the price.
(価格を交渉させていただきたいのですが。)

What's your opinion regarding the price?
(価格に関してのあなたの意見はいかがですか？)

We haven't agreed on the price.
(価格については、まだ合意していません。)

Could you give us a better price?
(価格を下げていただけますか？)

Could you reduce the price?
(価格を下げていただけますか？)

Could you reduce the current price by 10%?
(現在の価格より10％下げていただけますか？)

We can offer you a 10% discount.
(10％の値引きをさせていただきます。)

We can offer a 20% discount on the price until the end of this month.
(今月末まで、20％の値引きをご提供できます。)

How about $500 per unit?
(1つにつき、500ドルではいかがですか？)

We can offer you a special price.
(特別に値引きします。)

This is the best price we can offer.
(こちらの価格が限界です。)

Do you offer a volume discount?
(数量値引きはありますか？)

We offer a volume discount for 500 or more.
(500個以上でしたら、数量値引きをご提供します。)

What's the wholesale price?
(卸売価格はいくらですか？)

> **ワンポイント**　「wholesale price」卸売価格 ⇔「retail price」小売価格

Is tax included?
(税込みでしょうか？)

Does this price include tax?
(この価格は税込みですか？)

Consumption tax isn't included in the above price.
(消費税は上記の価格に含まれておりません。)

> **ワンポイント**　「consumption tax」消費税

We'll take care of the shipping fees.
(送料はこちらで負担します。)

The price of that item has been revised.
(その商品は価格が改定されています。)

〈納期交渉〉

When is the delivery date?
(納品日はいつですか？)

> ワンポイント 「delivery date」納品日

How long will it take to deliver our order?
(どのくらいで納品していただけますか？)

We'll deliver your order in 2 weeks.
(2週間で納品いたします。)

Could you move up the delivery schedule?
(納期予定を繰り上げていただけますか？)

Could you advance your current delivery schedule?
(現在の納期予定を早めていただけませんか？)

Could you move up the delivery date?
(納期を早めていただけませんか？)

Could you advance the shipping date?
(出荷日を早めていただけませんか？)

Could you deliver it by the end of the month?
(今月末までに納品することができますか？)

We can deliver it by the end of next month.
(来月末までに納品できます。)

We can't deliver it by the end of the month.
(今月末までに納品することはできません。)

〈支払いについての交渉〉

Can we pay in installments?
（分割払いはできますか？）

You can pay by credit card.
（クレジットカードでお支払いいただけます。）

How would you prefer to make payment?
（お支払いはどうなさいますか？）

〈その他の交渉〉

Could you submit the inspection data?
（検査データをご提出いただけますか？）

Have you ever seen our inspection line?
（今までに弊社の検査ラインをご覧になったことがありますか？）

What do you do for quality control?
（品質管理はどのようにされていますか？）

Can you produce samples?
（サンプルを作っていただけますか？）

Can you send them by air?
（航空便で送っていただけますか？）

What's the minimum order quantity?
（最低注文数はいくつですか？）

決定権

Who makes the final decision?
(最終決定はどなたがなさいますか?)

Who's the final decision maker on this issue?
(この件についての最終決定者はどなたですか?)

Who has final approval for that issue?
(その件について、どなたが最終承認なさいますか?)

I'm not in a position to decide.
(私は決定できる立場ではありません。)

I have to ask my boss.
(上司に相談しなければなりません。)

発注・受注

〈発注〉

We'd like to accept your offer.
(ご提案を受け入れたいと思います。)

We'd like to place an order.
(発注します。)

Please confirm our order.
(注文をご確認ください。)

Please acknowledge our order.
(注文をご確認ください。)

We've decided that we'd like to do business with you.
(貴社とお取り引きさせていただくことに決定しました。)

We have to place an additional order.
(追加注文をしなければなりません。)

〈受注〉

The total comes to $6,500.
(合計で6,500ドルになります。)

We'll ship the order as soon as we confirm your payment.
(ご入金を確認次第、商品を発送します。)

ワンポイント 「as soon as ～」～次第

You can track your order on our website.
(弊社のウェブサイトで、注文品の追跡ができます。)

失注・交渉決裂   CD Track 70

We can't meet your expectations.
(貴社のご期待に添うことはできません。)

I'm afraid that we can't accept your offer.
(申し訳ございませんが、貴社のご提案は受け入れられません。)

We can't accept your offer because the price is too high.
(価格が高すぎるため、貴社のご提案は受け入れられません。)

契約   CD Track 71

What are the terms and conditions?
(契約条件はどのようになっていますか？)

Can we negotiate the terms and conditions?
(契約条件を交渉することはできますか?)

We'd like to negotiate the contract.
(契約交渉をさせていただきたいのです。)

This is the standard contract.
(こちらが標準の契約です。)

This is the one-year contract.
(こちらは1年契約です。)

We prefer a short-term contract.
(短期契約を望んでいます。)

> **ワンポイント** 「short-term」短期の ⇔「long-term」長期の

We'd like to renew the contract.
(契約を更新させていただきたいのです。)

Our contract will expire next month.
(来月、契約が切れます。)

Our contract will terminate at the end of this month.
(来月末で、契約が切れます。)

We need to revise the contract.
(契約を見直す必要があります。)

We agreed on the terms and conditions.
(我々は契約条件について合意しました。)

6. 苦　情

苦情を言う

We received the wrong products.
(間違った製品が届きました。)

We didn't order item No. 250.
(品番250は注文していません。)

Your delivery is overdue.
(納期が過ぎています。)

We haven't received the product we ordered last week.
(先週注文した製品がまだ届かないのですが。)

We haven't received our order number 1506 yet.
(注文番号1506がまだ届いていません。)

We were supposed to receive the product by September 20.
(9月20日までに納品されることになっていました。)

It's been a month since we ordered it.
(注文してから1カ月が経過しています。)

Could you look into this matter?
(本件をお調べいただけますか?)

Some are badly damaged.
(ひどく破損しているものがあります。)

We received an incorrect invoice.
（間違った請求書が届きました。）

The invoice amount is not correct.
（請求書の金額が間違っています。）

Please send us a correct invoice.
（正しい請求書をお送りください。）

We're not satisfied with the quality of your products.
（貴社の製品の品質には満足できません。）

Please ship the replacements as soon as possible.
（至急、代替品を出荷してください。）

ワンポイント　「as soon as possible」至急

謝罪する　　　　　　　　　　　　　　　　CD Track 73

We sent you the wrong product by mistake.
（手違いで、間違った製品をお送りしてしまいました。）

We'll ship the replacement immediately.
（至急、代替品をお送りします。）

Your order was shipped today.
（ご注文品は、本日発送しました。）

We'll check into it, and get back to you as soon as possible.
（お調べして、できるだけ早くご連絡申し上げます。）

We're investigating order number 4038 at the moment.
（注文番号4038について、現在調査中です。）

We have to investigate the cause.
（原因を調査しなければなりません。）

We apologize for any inconvenience this delay has caused.
（納期遅れにより、ご迷惑をおかけしたことをお詫び申し上げます。）

We have to apologize for our billing error.
（請求間違いについて、お詫び申し上げます。）

Thank you for your patience.
（お待たせして申し訳ございません。）

Thank you for your understanding.
（ご理解のほど、よろしくお願い申し上げます。）

7. 道案内

Take the Yamanote Line.
(山の手線に乗ってください。)

Transfer to the Chuo Line in Shinjuku.
(新宿で中央線に乗り換えてください。)

Where should I change trains?
(どこで電車を乗り換えればいいのでしょうか?)

You have to change trains at Tokyo Station.
(東京駅で乗り換えなければなりません。)

You have to take a local train.
(各駅停車に乗らなければなりません。)

Take the bus bound for Yokohama Station.
(横浜駅行きのバスに乗ってください。)

Get off at the third stop.
(3つ目の駅で降りてください。)

Please exit the South exit.
(南口を出てください。)

Go straight along the street.
(通りに沿ってまっすぐ進んでください。)

Cross the street, and you'll find a convenience store.
(通りを渡ると、コンビニエンスストアがあります。)

Turn left at the first corner.
(最初の角を左に曲がってください。)

Turn right at the post office.
(郵便局を右に曲がってください。)

It's the third building from the corner.
(角から3軒目の建物です。)

It's next to a coffee shop.
(喫茶店の隣です。)

Could you tell me how to get to your office?
(貴社にはどのように行けばよろしいですか?)

Where are you now?
(今、どちらにいらっしゃいますか?)

Where is the nearest station?
(最寄り駅はどちらですか?)

The nearest station is Kanda.
(最寄り駅は神田です。)

How far is it from Shibuya Station to your office?
(渋谷駅から貴社までどれくらいですか?)

It takes about 5 minutes from the station on foot.
(駅から歩いて約5分です。)

Is there anything around your office?
(オフィスのまわりに何かありますか?)

There is a bank in front of the office.
（オフィスの前に銀行があります。）

When you find a yellow building on your right, turn to the right.
（黄色のビルが右側に見えたら、右折してください。）

8. プレゼンテーション

英語のプレゼンテーションは、基本的に次の3つの要素で構成します。
(1) 導入（オープニング）
(2) 本論（ボディ）
(3) 結論（クロージング）

導入では、自分がどのようなことを伝えたいのかを話し、本論では、伝えたいことそのものについて話します。そして、最後に結論で自分の伝えたかったことのまとめを行います。最初に理解してもらいたいポイントを述べるようにしましょう。
スライド作成のポイントや注意事項については、「プレゼンテーションスライド作成のポイント」をご参照ください。

挨拶

Good morning, everyone.
（皆さん、おはようございます。）

Good morning, ladies and gentlemen.
（皆さん、おはようございます。）

Good afternoon, everyone.
（皆さん、こんにちは。）

Good evening, everyone.
（皆さん、こんばんは。）

Thank you for waiting.
（お待たせいたしました。）

```
導入(オープニング)
   ↓
   ①挨拶と謝辞
   ↓
   ②導入(プレゼンテーションの目的や背景)
   ↓
   ③概要(プレゼンテーションの概要や全体の流れ)
   ↓
本論(ボディ)
   ↓
結論(クロージング)
   ↓
   ①取りまとめ
   ↓
   ②謝辞
   ↓
   ③質疑応答
```

I'd like to get started.
(始めたいと思います。)

Shall we get started?
(始めましょうか?)

I'd like to start my presentation.
(私のプレゼンテーションを始めさせていただきます。)

Thank you for your time today.
(本日はお時間をいただきまして、ありがとうございます。)

Thank you for taking time out of your busy schedule.
(お忙しいところ、お時間をいただきましてありがとうございます。)

We'd like to thank you for your time.
(お時間をいただきまして、ありがとうございます。)

Thank you for giving me this chance to make a presentation.
(プレゼンテーションの機会をいただき、ありがとうございます。)

I'm very glad to be here today.
(本日ここにいることを大変嬉しく思います。)

I appreciate the opportunity to make a presentation today.
(本日、プレゼンテーションの機会をいただけることに感謝いたします。)

It's a pleasure to introduce our service.
(弊社のサービスをご紹介することができ、光栄です。)

※自己紹介や会社の紹介については、(1) 挨拶・紹介 を参照してください。

プレゼンテーションの開始

CD Track 76

〈プレゼンテーションの目的を話す〉

I'm here today to introduce our new service.
(本日は、弊社の新サービスについてご紹介させていただきます。)

The purpose of my presentation today is to talk about our new product.
(本日のプレゼンテーションの目的は、弊社の新商品についてお話することです。)

Today's presentation is about supply chain management.
(本日のプレゼンテーションは、サプライチェーンマネジメントについてです。)

In my presentation today, I'd like to talk about our new service.
(本日のプレゼンテーションでは、弊社の新サービスについてお話したいと思います。)

I'm going to talk about food safety today.
(本日は、食品安全についてお話しします。)

The theme of my presentation is "sustainability."
(私のプレゼンテーションのテーマは、「サステナビリティ」です。)

By the end of my presentation, I hope you'll find our solution can perfectly satisfy your needs.
(プレゼンテーションの終わりには、弊社のソリューションが完全に貴社のニーズを満たせることがおわかりいただけると思います。)

By the end of my presentation, I hope you'll understand the global trend.
(プレゼンテーションの終わりには、世界の動向がご理解いただけると思います。)

〈プレゼンテーションの流れや所要時間について話す〉

I've divided my presentation into two main parts.
(大きく2つに分けてお話しさせていただきます。)

First, I'd like to outline our company.
(まず、弊社の概要をご説明します。)

First of all, I'd like to share with you the current market status.
(まず、市場の現況についてご説明したいと思います。)

First of all, I'd like to show you the results of the market research.
(まず、市場調査の結果をお見せしたいと思います。)

Then, I'll explain our sales strategy.
(次に、我々の営業戦略についてご説明します。)

Finally, I'll introduce you to our new service.
(最後に、我々の新サービスをご紹介いたします。)

My presentation will take about an hour.
(プレゼンテーションは、約1時間を予定しております。)

I'll be speaking for about an hour.
(約1時間、お話させていただきます。)

I'll try to answer all of your questions after the presentation.
(プレゼンテーションの後に、ご質問にお答えしたいと思います。)

I'd appreciate it if you could save your questions until the end.
(ご質問は最後にお願いできれば幸いです。)

Please hold your questions until the end.
(ご質問は最後にお願いします。)

Please interrupt me at any time if you have any questions.
(ご質問がありましたら、いつでもご質問ください。)

〈プレゼンテーションを始める〉

I'll begin with a brief outline of our company.
(簡単な会社概要から始めます。)

I'll begin by explaining our company outline.
(会社概要のご説明から始めます。)

I'm going to start with our company overview.
(会社の概要から始めさせていただきます。)

I'll start with the market trend.
(市場動向から始めます。)

I'll give you a brief outline of our company.
(弊社の概要を簡単にご説明します。)

Let me briefly explain our company first.
(はじめに、弊社を簡単にご説明させてください。)

Let me talk about our company before introducing our new service.
(弊社の新サービスをご紹介する前に、弊社についてお話させてください。)

Let me begin by introducing our product line.
(弊社の取り扱い品目をご案内するところから始めさせてください。)

First, we will review the sales results in 2014.
(まず、2014年の売上げ結果を振り返りましょう。)

I'll briefly run through our project overview.
(我々のプロジェクトの概要について、簡単にざっと見てみましょう。)

ワンポイント 「run through」〜ざっと目を通す

Please refer to our company brochure regarding the details.
(詳細については、会社案内をご参照ください。)

Now, let's move on to today's agenda.
(では、本日の議題に移りましょう。)

〈追加で触れる項目について述べる〉

I'd also like to mention the background.
(背景についても触れたいと思います。)

We'd like to provide the local data as well as the global data.
(国内のデータと同様、海外のデータもご提供したいと思います。)

ワンポイント　「A as well as B」AもBも、AのほかにBも

I'd like to report on the sales results of the first half.
(上半期の売上げ結果についてご報告させていただきます。)

I'll mention security issues as well if I have time.
(時間があれば、セキュリティ問題についても触れましょう。)

ワンポイント　「as well」〜もまた

説明する　　　　　　　　　　　　　　　　　CD Track 77

I'd like to explain the current status.
(現状をご説明します。)

Let me talk about the features of the product.
(製品の特徴についてお話させていただきます。)

I'm going to explain the specifications of this product.
(こちらの製品の仕様をご説明します。)

ワンポイント 「specifications」仕様。通常、複数形で使用します。

Let me explain the background first.
(最初に、背景からご説明させてください。)

I'll briefly explain the background.
(背景について、簡単にご説明します。)

I'll give you a quick overview of this industry.
(この業界についての概要を手短にお話します。)

Let me give you some examples.
(いくつか事例をご紹介させてください。)

Let's look at another case.
(他の事例を見てみましょう。)

We're going to look at our industry forecasting.
(我々の業界動向予測を見ていきます。)

Let's look at the changes in consumer awareness.
(消費者意識の変化について見てみましょう。)

I'd like to focus on the cost-benefit performance.
(その費用対効果に注目したいと思います。)

I'd like to focus on the gap between these two.
(これら2つのギャップに注目したいと思います。)

話題を移す　　　　　　　　　　　　　　　　　　CD Track 78

Let's move on to the next subject.
(次の議題に移りましょう。)

Let's move on to the next topic.
(次の話題に移りましょう。)

Let's move on to another issue.
(もう1つの問題に移りましょう。)

Let's move on to the human-rights issue.
(人権問題に移りましょう。)

I'd like to explain the details later.
(後ほど、詳細をご説明させていただきます。)

Let me turn to the next page.
(次のページに移ります。)

Please look at the next slide.
(次のスライドをご覧ください。)

Now let's go on to the next figure.
(それでは、次の図に移りましょう。)

Please turn to page 7.
(7ページに移ってください。)

Next, I'd like to talk about new product features.
(次に、弊社の新商品の特徴についてお話しさせていただきます。)

The next few slides will tell you about the product features.
(続く数枚のスライドで、製品の特徴についてお話します。)

Let me go back to the main issue.
(本題に戻ります。)

Let's get back to the main topic.
（主題に戻りましょう。）

I'll skip this slide.
（このスライドは飛ばします。）

We've looked at the results of the consumer confidence survey.
（消費動向調査の結果をみてきました。）

If you don't have any questions, may I go on to the next stage?
（ご質問がなければ、次に進んでもよろしいですか？）

That's all I have to say about the local trend.
（国内動向については、以上です。）

問題提起する・関心をひく　　　CD Track 79

The problem is the production capacity.
（問題は、生産能力です。）

What we'd like to tell you here is the importance of risk management.
（我々が申し上げたいのは、リスクマネジメントの重要性です。）

Have you heard of "BOP business"?
（「BOP ビジネス」について聞いたことがありますか？）

Has anyone heard of "BOP business"?
（「BOP ビジネス」について、聞いたことがある方はいらっしゃいますか？）

Did you know that you could utilize subsidies?
（補助金が活用できることをご存じでしたか？）

I'm going to show you some interesting data.
(興味深いデータをお見せしましょう。)

How about the younger generation?
(若い世代はどうでしょうか？)

So what has changed?
(それでは、何が変化したのでしょうか？)

I'd like to draw your attention to the Chinese market.
(中国市場に注目していただきたいと思います。)

Our concern is "productivity."
(我々の関心事は、「生産性」です。)

I assume that you'd like to know the advantages and disadvantages of our service.
(我々のサービスの利点と欠点をお知りになりたいのではないかと思います。)

参照してもらう
CD Track 80

Please take a look at the bottom.
(一番下をご覧ください。)

Please take a look at the case studies.
(導入事例をご覧ください。)

Please refer to the handout.
(配布資料をご覧ください。)

ワンポイント　「handout」配布資料

引用する

CD Track 81

According to the Ministry of Economy, Trade and Industry,
(経済産業省によると、)

According to their survey in 2014,
(2014年の彼らの調査によると、)

According to the latest survey,
(最新の調査によると、)

比較する

CD Track 82

Compared with our competitors,
(競合他社と比較すると、)

Compared with the younger generations,
(若い世代と比較すると、)

If you compare the current period to the previous period,
(当期と前期を比較すると、)

Contrary to the previous year,
(前年に反して、)

Contrary to our prediction,
(我々の予測に反して、)

事実を述べる

CD Track 83

The sales results were beyond our expectations.
(売上げ実績は、予想を上回りました。)

> **ワンポイント**　「beyond」の前に「far」をつけると、かなり上回ったという表現になります。

Our sales results in 2015 were above our expectations.
(2015年の売上げ結果は、予想を上回るものでした。)

The sales results were below our expectations.
(売上げ実績は、予想を下回りました。)

The market is slow.
(市場が低迷しています。)

理由や根拠を述べる　　　　　　　　　　　　　CD Track 84

There is evidence.
(証拠があります。)

There is data.
(データがあります。)

There are two reasons for this.
(これには、2つの理由があります。)

The figure is based on the research report by X Inc.
(この数字は、X社の調査報告書に基づいています。)

例を示す　　　　　　　　　　　　　　　　　　CD Track 85

Let me give you some examples.
(いくつか事例をご紹介しましょう。)

I'd like to show you the case of ABC.
(ABC社の事例をお見せしたいと思います。)

For example, please look at Figure 1.

(たとえば、図1をご覧ください。)

For instance, I'll introduce the situation in the U.S.
(たとえば、アメリカの状況をご紹介しましょう。)

I'll show you another example on the next page.
(次のページで、別の事例をお見せしましょう。)

A good example is XY Inc.
(良い例は、XY社のものです。)

図表を説明する

CD Track 86

Please take a look at Figure 1.
(図1をご覧ください。)

Let's take a look at this table.
(この表をご覧ください。)

Let's look at the survey results.
(調査結果を見てみましょう。)

Please refer to page 20.
(20ページを参照してください。)

The experimental results are shown in Figure 1.
(実験結果を図1に示しています。)

I'll explain our printing service with a flow chart.
(当社の印刷サービスをフローチャートでご説明します。)

When you look at the following data, you'll find the trend.
(次のデータをご覧になれば、傾向がわかるでしょう。)

This figure shows our competitor's sales growth.
(この数字は、我々の競合の売上げの伸びを示しています。)

This graph shows a comparison with our competitors.
(このグラフは競合他社との比較を示したものです。)

〈表の見方について説明する〉

The vertical line represents a number of the companies.
(縦軸は、企業数を表しています。)

The horizontal line represents time.
(横軸は、時間を表しています。)

The solid line is our performance this year.
(実線は、今年の実績です。)

The segment in orange shows our market share.
(オレンジ色の部分は、弊社のマーケットシェアを表しています。)

The figure in blue represents the target for next year.
(青色の数字は、来年の目標です。)

Our revenue has reached 100 million yen.
(当社の収益は、1億円に達しました。)

Our revenue increased 20%.
(当社の収益は、20％増加しました。)

We achieved a double-digit increase last year.
(昨年は、2桁増を達成しました。)

ワンポイント　「double-digit」2桁の

Sales in Korea grew approximately 10% to 50 million yen.
(韓国での売り上げは、約10％増え、5,000万円でした。)

Sales of XY bottomed at this point.
(XYの売り上げは、この時点で底を打ちました。)

Sales of XY reached a peak in 2005.
(XYの売り上げは、2005年にピークに達しました。)

〈図表の表す意味について述べる〉

As this figure indicates, our sales have increased.
(この数字が示しているように、当社の売り上げは増加しています。)

It means that one-third is considering investing.
(1/3が投資を考えているということになります。)

That means the market has already matured.
(市場がすでに成熟しているということになります。)

As you can see, our revenue increased by 10%.
(ご覧のとおり、我々の収益は10％増加しました。)

Our revenue has increased steadily.
(収益は、着実に増加しています。)

Our revenue has been stagnant.
(収益は、停滞しています。)

Our revenue has increased at least 8% annually.
(収益は、年間少なくとも8％増加しています。)

We grew 10% a year.
（当社は年に10％成長しました。）

Our productivity has improved 15%.
（弊社の生産性は15％増加しました。）

The figure indicates a product life cycle.
（その図は、製品ライフサイクルを示しています。）

The result of the survey implies an increase in buying motivation.
（調査結果は、購買意欲の上昇を暗示しています。）

Sales have remained stable for 6 months.
（売り上げは、半年間安定しています。）

There is a proportional relationship between A and B.
（A と B は比例関係にあります。）

まとめる　　　　　　　　　　　　　　　　　CD Track 87

I'd like to sum up now.
（では、まとめたいと思います。）

I'll summarize my presentation.
（プレゼンテーションを整理してみましょう。）

In conclusion, I'd like to say that you need to enhance a good relationship with your client.
（結論として、顧客との良好な関係を強化することが必要だということを申し上げたいと思います。）

I'm sure our services offer tremendous benefits to you.
（我々のサービスが、皆様に大きな利益をもたらすものと確信しております。）

質疑応答

CD Track 88

〈質問を受ける〉

We have 15 minutes for Q & A.
（15分間、質疑応答の時間をおとりします。）

Are there any questions?
（何かご質問はありますか？）

Are there any further questions?
（他にご質問はありませんか？）

Do you have any questions at this point?
（ここまでで、何かご質問はありませんか？）

Your questions are welcome.
（ご質問を歓迎いたします。）

〈質問に対する感想を述べる〉

That's a very good question.
（それはとてもいいご質問です。）

That's a very good point.
（それはとてもいいご指摘です。）

That's a difficult question to answer.
（それは難しい質問です。）

〈聞き返す〉

I'm sorry, but I couldn't catch what you said.
（申し訳ございませんが、聞き取れませんでした。）

Could you say that again, please?
（もう一度言っていただけますか？）

Could you repeat that, please?
（もう一度言っていただけますか？）

〈回答する〉

Does that answer your question?
（答えになっていますか？）

Did I answer your question?
（答えになっていますか？）

I'm sorry, but I have no idea about that.
（申し訳ございませんが、その件については分かりかねます。）

I'm sorry, but I don't have that data.
（申し訳ございませんが、そのデータは持ち合わせていません。）

Let me talk to you individually.
（個別にお話させてください。）

I'll get back to you later.
（後日、ご連絡します。）

プレゼンテーションを終える

If there are no further questions, I'll finish my presentation.
(ご質問がないようでしたら、私のプレゼンテーションを終わりにいたします。)

If you have any questions, please feel free to contact us.
(ご質問がございましたら、ご遠慮なくお問い合わせください。)

If you need further information, please let me know.
(さらなる情報が必要でしたら、お知らせください。)

If you have any questions, please feel free to e-mail the address on the last page of the handout.
(ご質問がございましたら、配布資料の最終ページにあるアドレスまでお気軽にメールをください。)

Thank you for your attention.
(ご清聴、ありがとうございました。)

Thank you for paying attention.
(ご清聴、ありがとうございました。)

Thank you for listening.
(ご清聴、ありがとうございました。)

I really appreciate your time.
(お時間をいただき、ありがとうございました。)

〈トラブルへの対応〉

My computer froze.
（パソコンがフリーズしてしまいました。）

I'll restart my computer.
（パソコンを再起動させます。）

There is something wrong with the microphone.
（マイクの調子が悪いです。）

プレゼンテーションスライド作成のポイント

プレゼンテーションスライドを作るときのポイントと注意事項をご紹介します。

・長い文章を作らない
　細かな内容は口頭で伝えるようにして、スライドにはポイントだけを記載し、視覚的にすぐに理解できる内容にしましょう。

・1スライドに複数の要素や内容を盛り込まない
　1枚のスライドには、ひとつのテーマについて記載し、複数の要素を盛り込まないようにしましょう。

・文章のレベルをそろえる
　何かを列記する際には、同じレベル（品詞や形）で列記します。
　箇条書きにする場合は、書き出しの品詞をそろえましょう。
　（たとえば、1つ目の書き出しを動詞から始めたら、2つ目以降の書き出しもすべて動詞にする）

・重要な順序で並べる
　箇条書きにする場合は、強調したいことや、優先順位が高いものから順に記載しましょう。

・シンプルでわかりやすい単語・表現を使う
　難しく堅い言葉や表現ではなく、できるだけシンプルで短い表現を使うように心がけましょう。
　業界用語や専門用語を使用する場合には、定義づけや説明を加えましょう。略語にも注意が必要です。

- ポイントとなる単語を主語にする
 ポイントとなる単語を主語にすることにより、そのポイント主体の文章が作成され、聴衆にポイントが伝わりやすくなります。
 また、能動態は文章がシンプルで、聞き手が理解しやすく、受動態よりも直接的で、力強いメッセージを伝えることができます。

- マイナスや否定の表現を避ける
 マイナスの印象を与える単語や表現は、できるだけポジティブな印象を与える単語や表現に置き換えましょう。
 (例) problem(問題) → challenge(課題)

- 見やすいフォントサイズや種類、色を設定する
 見やすい種類のフォントやサイズを選びましょう。
 フォントの種類としては、Arial や Century が推奨されることが多いようです。
 タイトルには、24ポイント程度、テキスト部分には少なくとも14ポイント以上のフォントサイズを適用することをお薦めします(可能であれば、16〜18ポイントが理想的です)。
 また、色については、プロジェクタで映すことを考えた配色にしましょう。
 薄すぎる色や蛍光色は見えづらいので、気をつけましょう。

- 図表を有効活用する
 視覚的にすぐに理解してもらうには、図表が効果的です。
 特に、何かのデータを示す場合は、数字や文字だけの羅列では理解するのに時間がかかりますが、そのデータをもとにグラフにすれば、一目見ただけで推移等がわかります。

スライドのタイトルのつけ方

聴衆は、タイトルを見てそのスライドの内容を判断します。
そのことを考慮して、タイトルは、そのスライドの内容がわかるようなタイトルをつけましょう。

タイトルのつけ方に厳密な決まりはありませんが、前置詞以外の各単語の最初を大文字にするのが主流です。「Sales Strategy」のように、単語の最初を大文字にし、「Action Plan in Q3」や「Features of Product A」のように、「in」や「of」などの前置詞や「a」や「the」のような冠詞は小文字にします。

(タイトルの例)

Agenda	議題、アジェンダ
Company Outline	会社概要
Product Line	製品一覧
Market Share	マーケットシェア
Sales Target	売り上げ目標
Sales Results	売り上げ結果
Market Analysis	市場分析
SWOT Analysis	SWOT 分析
Challenges	課題
Strategy(Strategies)	戦略
Conclusion	結論
Change in(of) 〜	〜の変化

プレゼンテーションでよく使う表現

(流れを説明する／次の話題に移るときに使う表現)

最初に、第1に、	First,
まずはじめに、	First of all,
第2に、	Second,
次に、	Next,
そして、	Then,
最後に、	Finally,
では、さて、	Now,
さて、	Well,

(何かを追加するときに使う表現)

そのうえ、	Besides,
さらに、	Moreover,
加えて、	In addition,
また、	Also,
同時に、	At the same time,
ご参考までに、	For your reference,

(反対のことを述べるときに使う表現)

| しかしながら、 | However, |
| 一方で、 | On the other hand, |

(事例を説明するときに使う表現)

| たとえば、 | For example, |
| たとえば、 | For instance, |

（言い換えるときに使う表現）

言い換えると、	In other words,
要するに、	In short,

（つなぎの表現）

さて、	Well,
ところで、	Anyway,
ところで、	By the way,
すでにご存じのように、	As you already know,
ご覧のように、	As you can see,
ここに示したように、	As shown here,
実際、実は、	In fact,
実際、実は、	Actually,
結果として、結果的に、	As a result,
この場合、	In this case,
私が知る限りでは、	As far as I know,
個人的には、個人的な見解では、	From my point of view,
ここまでは、	So far,
総じて、	Overall,
率直に申し上げて、	Frankly speaking,
正直に申し上げて、	To be honest,

（時間を表す表現）

現段階では、	at this stage
現在、	at the moment
最近、	recently
最近、	lately
最近、	these days
当時は、	at that time
当時は、	in the past

将来、	in the future
本日現在、	as of today
2016年4月1日現在、	as of April 1, 2016

9. 社内コミュニケーション

近況について話す

How're you doing?
(元気ですか?)

How have you been?
(どうされていましたか?)

Are you busy?
(忙しいですか?)

How's work?
(仕事はいかがですか?)

How was your weekend?
(週末はどうでしたか?)

Did you have a nice weekend?
(よい週末でしたか?)

How was your vacation?
(休暇はどうでしたか?)

I've been busy since last Monday.
(先週の月曜日以降、ずっと忙しいです。)

I've been very busy recently.
(最近、とても忙しいです。)

I've been traveling a lot.
(最近、出張続きです。)

Where did you take a business trip to?
（どちらに出張されたのですか？）

How was your business trip to Taiwan?
（台湾への出張はいかがでしたか？）

How often do you make business trips in a month?
（ひと月にどれくらい出張しますか？）

I'm stressed out.
（ストレスがたまっています。）

I have a hangover.
（二日酔いです。）

I have a cold.
（風邪をひいています。）

I was involved in a train accident this morning.
（今朝、電車の事故に巻き込まれました。）

Why don't we go for a drink?
（飲みに行きませんか？）

天候について話す

It's hot today.
（今日は暑いです。）

It's chilly.
（寒いです。）

It's cool.
（涼しいです。）

It's windy.
(風が強いです。)

It's humid, isn't it?
(湿気が多いですね。)

It looks like rain.
(雨が降りそうです。)

The weather forecast for tonight is rain.
(今夜の天気予報は雨です。)

仕事について話す

How did your presentation go?
(プレゼンテーションはいかがでしたか？)

How were sales for March?
(3月の売り上げはどうでしたか？)

May I ask you a favor?
(お願いがあるのですが。)

I'm tied up at the moment.
(今は手がいっぱいです。)

When do you need it by?
(いつまでに必要ですか？)

When is the deadline?
(締め切りはいつですか？)

The deadline is 10 o'clock.
(締め切りは10時です。)

Are you preparing a quote for ABC Company?
(ABC社の見積書を作成しているのですか？)

I'm going to ABC Company this afternoon.
(午後、ABC社に行く予定です。)

I have to prepare for the presentation next week.
(来週のプレゼンテーションの準備をしなければなりません。)

Did you call Mr. Smith?
(スミスさんに電話しましたか？)

What are you looking for?
(何をお探しですか？)

Why are you working so late?
(どうしてこんなに遅くまで働いているのですか？)

I haven't finished preparing for the presentation tomorrow.
(明日のプレゼンテーションの準備が終わっていません。)

When is our monthly meeting?
(次の月例ミーティングはいつですか？)

ワンポイント　「monthly」月の、「weekly」週の、「daily」日の

プライベートについて話す

Where are you commuting from?
(どこから通勤しているのですか？)

Have you worked here long?
(ここで長く勤務されているのですか？)

What did you eat for lunch?
(昼食は何を食べましたか？)

Do you have any plans on Friday night?
(金曜日の夜は何か予定がありますか？)

What do you do in your free time?
(趣味は何ですか？)

How long is your summer vacation?
(夏休みはどれくらいありますか？)

I used to work for a trading company.
(私は以前、商社に勤めていました。)

休暇・残業

I'll be taking a day off tomorrow.
(明日は休暇をとります。)

I'll be taking a half day off tomorrow afternoon.
(明日は午後半休をとります。)

I'll be in the office tomorrow afternoon.
(明日は午後から出社します。)

Are you going to work overtime today?
(今日は残業するつもりですか？)

ワンポイント 「work overtime」残業する

I can work overtime today.
(今日は残業できます。)

お祝い

Congratulations on your promotion.
（昇進、おめでとう。）

Congratulations on your wedding.
（ご結婚、おめでとう。）

お悔やみ

Please accept my sincere condolences.
（心からお悔やみ申し上げます。）

I'm sorry for your loss.
（お悔やみ申し上げます。）

We're very sorry to hear about your loss.
（謹んでお悔やみ申し上げます。）

別れ際に

Have a nice day!
（よい1日を！）

> **ワンポイント**　相手に返すときには、「you, too.（あなたもね。）」

Have a nice weekend!
（よい週末を！）

Enjoy your vacation!
（休暇を楽しんでください。）

Take care!
（おだいじに！）

Don't work too much!
（無理しないで！）

Talk to you later!
(またね!)

See you tomorrow!
(また明日!)

See you next week!
(また来週!)

Good luck with your presentation tomorrow!
(明日のプレゼン、頑張って!)

ワンポイント 「Good luck with 〜」〜頑張って

海外からの来客とのコミュニケーション

How long have you been in Japan?
(日本に来てどのくらいですか?)

Is this your first visit to Japan?
(日本は初めてですか?)

How do you like Japan?
(日本はいかがですか?)

Have you been to Japan before?
(以前、日本にいらしたことはありますか?)

I hope you enjoy your stay.
(よい滞在になりますように。)

第3章

メールでよく使う表現

Eメール

最近は、Eメールが日常のコミュニケーションツールとして活用されています。
Eメールは、読み手のことを考えて、簡潔な内容を心がけましょう。
以下に、Eメールで気をつけるべきルールをご紹介します。

・メッセージは簡潔に、必要な事柄のみを記載する。
・冗長的な表現は避け、簡単な単語・表現を使う。
・読みやすいレイアウトにする（基本的には、左寄せにする）。
・件名は用件がわかりやすいものにする。

Eメールのレイアウトサンプル

① Subject: Request for your XY-1 information

② Dear Sir or Madam:

③ We're interested in your XY-1.
Could you send some information on that?
I look forward to hearing from you.

④ Sincerely,

⑤ Yoko Sato
Senior Manager, Sales Dept.

ABC Co., LTD.
1-2-3 Shinjuku, Shinjuku-ku,
Tokyo 123-4567 Japan
Phone +81(0)3 1234 5678
Fax +81(0)3 1234-5679
E-mail: y_sato@abc.com

①件名

件名は、「Subject: 」または「Regarding (Re:)」の後に、わかりやすく簡潔に記載します。

タイトルのサンプル

Notice:（お知らせ：）
Attention:（注意：）
Important:（重要：）
Reminder:（リマインダー：、督促状：）
Purchase order No. M152015（注文番号 M152015）

Payment confirmation for invoice No. 1300（請求書番号1300のお支払いの確認）
Dispatched notice PO No. A100（注文番号 A100 出荷のお知らせ）
Quotation for 〜（〜のお見積もり）
Request for 〜（〜のご依頼）
Notification of holidays（休暇のご連絡）
Inquiry about X（X に関するお問合せ）
Meeting on July 20（7月20日のミーティングの件）

②敬辞

「Dear 敬称（Mr./Ms. など）＋ファーストネーム＋ラストネーム＋コロン（:）またはコンマ（,）」を記載します。
アメリカ式ではコロン、イギリス・ヨーロッパ式ではコンマが好まれます。

担当者がわからない場合には、「Dear Sir or Madam:（ご担当者様）」、また不特定多数に送る場合には、「Dear All:（皆様）」や「Dear Customer:（お客様）」などが使われます。

③本文

内容は簡潔に、見やすいレイアウトを心がけましょう。

④結辞（結びの挨拶）

Sincerely が一般的ですが、その他にも Respectfully, Sincerely yours, Best regards, Regards,（掲載順に丁寧）などが使われます。

⑤署名

名前、役職名、部署名、会社名の順に記載し、続けて住所、電話番号、FAX 番号、メールアドレス、URL などを記載します。

書き出し

〈初めての問い合わせ〉

We saw your advertisement in today's ABC newspaper.
(本日の ABC 新聞で貴社の広告を拝見しました。)

I had a chance to see your product catalog.
(貴社の製品カタログを拝見する機会がありました。)

I was referred to you by Mika Tanaka.
(田中美香さんから貴社を紹介されました。)

We were given your name by ABC Company.
(ABC 社より貴社のお名前を伺いました。)

〈返信〉

Thank you for your e-mail.
(メールをありがとうございます。)

Thank you for your reply.
(ご返信をありがとうございます。)

Thank you for your prompt reply.
(早速のご返信をありがとうございます。)

Thank you for your quick reply.
(早速のご返信をありがとうございます。)

Thank you very much for your confirmation.
(ご確認いただき、まことにありがとうございます。)

We received your e-mail regarding your invoice No. 2015.
(請求書番号2015に関するメールを受領しました。)

This e-mail is to confirm that we have received your order online.
(本メールは、あなたからのオンラインの注文を受領したことを確認するものです。)

We are pleased to have your inquiry about our software.
(弊社のソフトウェアに関するお問い合わせをいただき、ありがとうございます。)

Thank you for your information.
(情報をありがとうございます。)

連絡・通知

CD Track 92

I'm contacting you regarding your payment.
(お支払いの件でご連絡しております。)

I'm writing to inquire about your training services.
(貴社の研修サービスの件でご連絡しています。)

We've received the invoice.
(請求書を受領しました。)

We've received your order.
(ご注文を受領しました。)

We've received our order.
(注文品を受け取りました。)

I'm sending the invoice.
(請求書をお送りします。)

I'm sending our price list.
(価格表をお送りします。)

We shipped your order on July 20.

（7月20日にご注文品を出荷しました。）

Please be informed that your order No. 123 was shipped on Feb 5.
（注文番号123を2月5日に出荷したことをご報告いたします。）

We'd like to inform you that we received our order today.
（本日注文品を受領したことをお知らせいたします。）

We've remitted 2 million yen to the designated account.
（指定口座に200万円を送金しました。）

Our phone number has been changed since April 1.
（4月1日より電話番号が変わりました。）

My e-mail address will remain the same.
（メールアドレスは変わりません。）

添付ファイル

CD Track 93

Attached is the latest catalog.
（添付は、最新のカタログです。）

Attached please find our company brochure.
（添付は、弊社の会社案内です。）

I'm attaching our price list for your reference.
（ご参考までに価格表を添付します。）

We are attaching the inspection report.
（検査レポートを添付します。）

We are pleased to place an order as attached.

（添付のとおり、発注します。）

I'm sending the invoice as an attached document.
（ご請求書を添付してお送りします。）

Please see the attached materials.
（添付資料をご覧ください。）

The attached file is compressed.
（添付ファイルは圧縮されています。）

> **ワンポイント**　「attached file」添付ファイル

Please expand the file.
（ファイルを解凍してください。）

参照してもらう　　　　　　　　　　　　　CD Track 94

The details are as follows:
（詳細は以下の通りです。）

Please refer to our website.
（弊社のウェブサイトをご参照ください。）

転送する　　　　　　　　　　　　　　　　CD Track 95

I'm forwarding the e-mail from our client.
（顧客からのメールを転送します。）

I'll forward this e-mail to the person in charge.
（このメールを担当者に転送します。）

> **ワンポイント**　「person in charge」担当者

Your e-mail has been forwarded to our sales department.
（あなたのメールを弊社営業部に転送しました。）

依頼する

Would you send me that file by e-mail?
（Eメールでそのファイルを送ってもらえますか？）

Please send me your company brochure.
（貴社の会社案内を送ってください。）

I'm writing to request an estimate.
（お見積もりをお願いいたしたく、ご連絡しています。）

Could you reply to us by June 5?
（6月5日までにご返信いただけますか？）

Could you send the file in text format?
（テキスト形式のファイルを送っていただけますか？）

ワンポイント　「in PDF format」PDF形式で

Could you resend the file?
（ファイルを再送していただけますか？）

Your prompt remittance would be very much appreciated.
（至急送金していただければ幸いです。）

We look forward to your prompt payment.
（早急にお支払いいただけることをお待ちしております。）

Please contact us as soon as possible.
（できるだけ早くご連絡ください。）

メールアドレスの変更　　　CD Track 97

My e-mail address will be changed effective April 1.
(4月1日より、メールアドレスが変更になります。)

Effective from April 15, my new e-mail address will be:
(4月15日より、新しいメールアドレスは次のようになります。)

This e-mail address is available until March 31.
(このメールアドレスは、3月31日まで有効です。)

> ワンポイント　「available」利用できる

You can't send e-mails to this address after April 15.
(4月15日を過ぎて、このアドレスにメールは送信できません。)

メールのトラブル　　　CD Track 98

I can't open the file.
(ファイルが開けません。)

I couldn't decompress the file you sent to me.
(送っていただいたファイルが解凍できませんでした。)

The e-mail was garbled.
(メールは文字化けしていました。)

Your last e-mail was unreadable.
(前回お送りいただいたメールは文字化けしていました。)

I can't read Korean characters on my computer.
(私のコンピュータでは韓国語が読めません。)

You may have forgotten to attach the file.
(ファイルを添付するのをお忘れのようです。)

I forgot to attach the file.
（ファイルを添付するのを忘れました。）

I sent an e-mail to the wrong address.
（間違ったアドレスにメールを送ってしまいました。）

It seems you have sent the e-mail to the wrong address.
（間違ったアドレスにメールを送られたようです。）

Our server was down yesterday.
（昨日、弊社のサーバーがダウンしていました。）

There might have been an error during transmission.
（送信中に何らかのトラブルがあったようです。）

Please delete the file that I sent you yesterday.
（昨日お送りしたファイルは削除してください。）

〈不在時の自動応答メッセージ〉

I'm out of the office until June 12.
（6月12日まで不在にしております。）

If your matter is urgent, please call me at 090-1234-5678, otherwise I'll contact you upon my return.
（緊急の場合は、090-1234-5678までお電話ください。お急ぎでなければ、戻り次第ご連絡いたします。）

結びの挨拶　　　　　　　　　　　　　CD Track 99

If you have any questions, please feel free to contact me.
（ご質問がありましたら、お気軽にご連絡ください。）

If you have any questions, please don't hesitate to contact me.
（ご質問がありましたら、ご遠慮なくご連絡ください。）

I'll let you know as soon as possible.
（できるだけ早くお知らせします。）

Please let me know as soon as you can.
（できるだけ早くご連絡ください。）

Please let me know when you need the data.
（データがいつ必要かご連絡ください。）

I look forward to your reply.
（ご返信をお待ちしております。）

I look forward to your prompt reply.
（早めのご返信をお待ちしております。）

I look forward to hearing from you.
（ご連絡をお待ちしております。）

I look forward to hearing from you soon.
（早めのご連絡をお待ちしております。）

We would appreciate your kind consideration.
（ご検討いただければ幸いです。）

We would appreciate your understanding.
（ご理解いただければ幸いです。）

We would appreciate it if you could reconsider the price.
（価格を再検討いただければ幸いです。）

We look forward to serving you again.
（またのご用命をお待ちしております。）

We apologize for any inconvenience.
（ご迷惑をおかけして申し訳ございません。）

We apologize for any inconvenience this may cause.
（これにより、ご迷惑をおかけして申し訳ございません。）

ビジネスレター

ビジネスレターの書式サンプル

ビジネスレターのフォーマットもいくつかの種類がありますが、一般的なものをご紹介します。

①
```
                    ABC Inc.
    1-2-3 Shinjuku, Shinjuku-ku, Tokyo 123-4567 Japan
        Phone +81-3-1234-5678, Fax +81-3-1234-5679
```

② September 5, 2015

③
Ms. Karen White, Senior Manager
Public Relations Department
XYZ Inc.
12 South Street,
San Francisco, CA 12345

④ Subject:

⑤ Dear Ms. White:

⑥
I am writing to inquire about your new product, XY.
We would like to know more about XY.
Could you send some information on XY?
We look forward to hearing from you.

⑦ Sincerely,

⑧
Yoko Sato
Yoko Sato
General Manager

⑨
YS/mk
Enclosure
CC: Mr. David Anderson

①レターヘッド

レターヘッドには、差出人の連絡先を含めますが、会社で決められたものがない場合は、会社名、住所、電話番号、FAX番号等を記載します。

②日付

レターを発行する日付を記載します。
アメリカ式：September 5, 2015
イギリス・ヨーロッパ式：5 September 2015

③宛先

宛先を記載します。
まず、名前を記載しますが、名前の前には、Mr./Ms. などの敬称をつけましょう。
2行目に会社名を記載します。役職や部署名を入れる場合は、役職名、部署名、会社名の順に記載します。
役職名が短い場合は、名前の隣に役職を記載します。
最後に住所を記載します。
部署宛や相手の名前がわからない場合は、住所の後に改行し、「Attention: 部署名もしくは○○担当」と記載します。
例）
XYZ Inc.
12 South Street,
San Francisco, CA 12345

Attention: Public Relations Department

④件名

件名は、「Subject: 」の後に、わかりやすく簡潔に記載します。

⑤敬辞（書き出しの挨拶）

「Dear 敬称（Mr./Ms. など）＋ラストネーム＋ファーストネーム＋コロン（:）またはコンマ（,）」を記載します。
アメリカ式ではコロン、イギリス・ヨーロッパ式ではコンマが好まれます。

⑥本文

内容は簡潔に、見やすいレイアウトを心がけましょう。

⑦結辞（結びの挨拶）

敬辞とレベルを合わせた結辞を使います。
「Sincerely,」または「Yours Sincerely,」が一般的です。

⑧署名

自分の名前と肩書をタイプし、その上（結辞とタイプした名前の間）に自筆で署名します。

⑨その他

その他追記事項があれば、最後に記載します。

- 自分以外の人がタイプした場合
  自分のイニシャルとタイプした人のイニシャルを並べて記載します。
  例）YS/mk 佐藤洋子が差出人で、加藤美香がタイプした場合

- 同封物や添付資料がある場合
  Enclosure または Encl. として、同封物または同封物の数を記載します。
  添付資料は、Attachment または Attach. となります。
  例）Encl. 2
  　　Enclosure

- コピーを渡す人が他にいる場合
 手紙のコピーを宛名以外の人にも渡す場合、「Cc: コピーを渡す人の名前」を記載します。

エアメール封筒サンプル

```
Yoko Sato
ABC Inc.
1-2-3 Shinjuku,                              切手
Shinjuku-ku, Tokyo 123-4567
Japan
                Ms. Karen White
                Senior Manager
           Public Relations Department
                    XYZ Inc.
                12 South Street,
            San Francisco, CA 12345
                    U.S.A.

AIR MAIL
```

①差出人

差出人の情報は、左上に記載します。

裏面のフラップ部分に記載することもあります。

1行目に発信人名、2行目に会社名、3行目以降に住所を記載します。住所は、番地、町村名、市区郡名、都道府県名、郵便番号、国名の順に記載します。

②宛名

宛名は、中央に記載します。

1行目に宛先人名を記載しますが、名前の前には、Mr./Ms. などの敬称をつけましょう。

2行目に会社名を記載します。役職や部署名を入れる場合は、役職名、

部署名、会社名の順に記載します。
次に住所を記載しますが、番地、区、市、州名、郵便番号、国名を記載します。

③郵便種別や取扱注意事項

航空便などの郵便種別や取扱注意事項は、封筒の左下に記載します。

(VIA) AIR MAIL	航空便
SPECIAL DELIVERY	速達
CONFIDENTIAL/PERSONAL	親展
URGENT	至急
PRINTED MATTER	印刷物
Invoice Enclosed	請求書在中
Do not bend	折り曲げ厳禁

FAX の書式サンプル

最近は通信手段としてメールが主流になったこともあり、FAX の利用は減っていますが、FAX 送信状のサンプルをご紹介しておきます。
FAX 送信状については、特に決められたフォーマットはありません。
FAX 送信状は、「Fax Transmission」「Fax Cover Sheet」「Fax Message」などと言います。

① ABC Inc.
1-2-3 Shinjuku, Shinjuku-ku, Tokyo 123-4567 Japan
Phone +81-3-1234-5678, Fax +81-3-1234-5679

FAX TRANSMISSION

② To: Ms. Karen White
Senior Manager
Public Relations Department
XYZ Inc.
Fax: (123)456-7890

③ From: Yoko Sato
General Manager
Email: sato.yoko@abc.com

④ Date: May 15, 2015
⑤ Subject: Latest price list
⑥ Pages including this cover page: 2

⑦ Message:
Please find the latest price list as you have requested.
If you have any questions, please feel free to contact us.

⑧ Sincerely,

⑨ *Yoko Sato*
Yoko Sato
General Manager

①レターヘッド

ビジネスレターと同様、レターヘッドには、差出人の連絡先を含めます。

②受信者の連絡先

受信者の氏名、所属部署・役職、会社名、FAX 番号など、必要なものを記載します。

③送信者の連絡先

送信者の氏名、所属部署・役職、会社名、連絡先など、必要なものを記載します。

レターヘッドと同じ連絡先の場合は、特に記載する必要はありません。

④日付

FAX 発信日付を記載します。

アメリカ式：September 5, 2015

イギリス・ヨーロッパ式：5 September 2015

⑤件名

件名は、「Subject: 」または「Regarding(Re:)」」の後に、わかりやすく簡潔に記載します。

⑥送信枚数

送信枚数を記載します。

例）

Number of page(s): 3(including cover sheet)（送信枚数：3枚（送信状を含む））

Page(s) (including cover page: 3（送信状を含む枚数：3）

Page(s) following cover sheet: 2（送信状に続くページ数：2）

⑦本文

メッセージは簡潔に記載します。

⑧結辞（結びの挨拶）

FAX には結辞が必須というわけではありませんが、入れる場合は「Sincerely,」や「Best Regards,」などが一般的です。

⑨署名

必要に応じてビジネスレターと同様、自分の名前と肩書をタイプし、その上（結辞とタイプした名前の間）に自筆で署名します。

⑨その他

FAX のコピーを宛名以外の人にも渡す場合、「Cc: コピーを渡す人の名前」を記載します。

FAX の全ページが届かない場合に備えて、コメントを記載することもできます。

- If you do not receive all pages indicated, please contact us.（全ページが届いていない場合は、お問い合わせください。）
- If you do not receive all pages as stated, please contact us.（全ページが届いていない場合は、ご連絡ください。）

また、以下の様に FAX の種類をあらかじめ選択できるようにしておくのも便利です。

☐ Urgent（至急）
☐ Pls Reply（ご返信ください）
☐ For your review（ご検討用）

第4章

おさえておきたい
頻出単語・表現

1. 日時を表す単語・表現

【月】カッコ内は省略形

1月　January（Jan.）
2月　February（Feb.）
3月　March（Mar.）
4月　April（Apr.）
5月　May ※省略形はありません。
6月　June（Jun.）※もともと短いため、省略しない場合もあります。
7月　July（Jul.）※もともと短いため、省略しない場合もあります。
8月　August（Aug.）
9月　September（Sep./Sept.）
10月　October（Oct.）
11月　November（Nov.）
12月　December（Dec.）

【日】

1日	first	11日	eleventh	21日	twenty-first
2日	second	12日	twelfth	22日	twenty-second
3日	third	13日	thirteenth	23日	twenty-third
4日	fourth	14日	fourteenth	24日	twenty-fourth
5日	fifth	15日	fifteenth	25日	twenty-fifth
6日	sixth	16日	sixteenth	26日	twenty-sixth
7日	seventh	17日	seventeenth	27日	twenty-seventh
8日	eighth	18日	eighteenth	28日	twenty-eighth
9日	ninth	19日	nineteenth	29日	twenty-ninth
10日	tenth	20日	twentieth	30日	thirtieth
				31日	thirty-first

※9日、12日、19日、20日、29日、30日は、つづりに注意しましょう。

【曜日】カッコ内は省略形

月曜日	Monday (Mon.)
火曜日	Tuesday (Tue./Tues.)
水曜日	Wednesday (Wed.)
木曜日	Thursday (Thu./Thurs.)
金曜日	Friday (Fri.)
土曜日	Saturday (Sat.)
日曜日	Sunday (Sun.)

【その他】

おととい	the day before yesterday
昨日	yesterday
今日	today
明日	tomorrow
あさって	the day after tomorrow
先週	last week
今週	this week
来週	next week
先月	last month
今月	this month
来月	next month
午前中	in the morning
午後	in the afternoon
月曜日の午前中	Monday morning
月曜日の午後	Monday afternoon

2. 図表でよく使う単語・表現

グラフや図の種類

図	figure
表	table
棒グラフ	bar graph
折れ線グラフ	line graph
円グラフ	pie chart
組織図	organization chart
フローチャート	flow chart
分布図	distribution chart

線の種類

直線	straight line
曲線	curve
実線	solid line
破線	broken line
点線	dotted line
波線	undulating line

グラフのパーツを表す単語

棒（棒グラフの棒）	bar
部分（円グラフの各部分）	segment
X軸	x-axis
Y軸	y-axis
横軸	horizontal axis
縦軸	vertical axis
原点	origin
頂点	peak
底	bottom
網掛け	shading
網掛け部分	shaded area
矢印	arrow

表のパーツを表す単語

表題	title
セル	cell
行	row
列	column
項目	item
1行目、2行目、3行目	the first row, the second row, the third row
1列目、2列目、3列目	the first column, the second column, the third column
最終行	the last row
最終列	the last column
左から2列目	the second column from the left
右から3列目	the third column from the right
凡例	legend

図形を表す単語

円	circle
だ円	oval
正方形	square
長方形	rectangule
三角形	triangle
ひし形	diamond

文字の種類を表す単語

太字の	in bold
イタリックの	in Italics
赤色の	in red
赤字	red colored figure

その他図表でよく使う単語

数字	figure
数値	value
平均	average
最高	maximum
最低	minimum
累計の	cumulative
割合	rate
パーセント	percentage, percent
分布	distribution
シェア	share
〜を表す	indicate, show, represent, describe
相関関係	correlation
比例する	proportional
反比例する	inversely proportional

増減についてよく使う単語・表現

増加する	increase/rise
減少する	decrease/fall
〜％増加する	increase by 〜 %
〜％減少する	decrease by 〜 %
増加	increase
減少	decrease
変動する	fluctuate
急激に	rapidly, sharply
緩やかに	slowly, gradually
着実に	steadily
わずかに	slightly
大幅な伸び	large increase

横ばいの	stagnant
大幅に増える	soar
大幅に減る	drop
2倍になる	double
3倍になる	triple

位置を示す表現

一番上の	on the top
真ん中の	in the middle
一番下の	at the bottom
右側の	on the right
左側の	on the left
上から2行目の	the second line from the top
下から2行目の	the second line from the bottom

3. 会社・仕事でよく使う単語・表現

1. 会社を表す表現・単語

大規模企業	leading company/major company
中規模企業	medium-sized (mid-sized) company
小規模企業	small company/small-sized company
外資系企業	foreign affiliated company
〜系列の	〜 group
親会社	parent company
子会社	subsidiary (company)
関連会社	affiliated company/affiliate
現地法人	overseas affiliate/overseas subsidiary
代理店	agency

(業界)

食品業界	food industry
IT 業界	IT industry
保険医療業界	healthcare industry
建設業界	construction industry
通信業界	communications industry
自動車業界	automotive industry
卸売業界	wholesale industry
小売業界	retail industry
金融業界	financial industry
鉄鋼業界	steel industry

(会社)

食品会社	food company
商社	trading company
建設会社	construction company
保険会社	insurance company
証券会社	securities company
製薬会社	pharmaceutical company
化粧品会社	cosmetics company
ソフトウェア開発会社	software development company
出版社	publishing company
人材派遣会社	temporary employment agency
広告代理店	advertising agency
旅行代理店	travel agency

2. 組織名

企業規模や組織の役割によって名称が異なりますので、これでなければならないというものではありません。以下は、一例としてご紹介します。

本社	head office/headquarters
支社・支店	branch（office）
営業所	sales branch（office）
工場	factory/plant
研究所	laboratory
事業部	division
部	department
課	section
室	office

（部署名）

総務	General Affairs
経理	Accounting
財務	Finance
人事	Personnel
人材開発	Human Resources
労務	Labor/Labor Relations
法務	Legal/Legal Affairs
監査	Audit
広報	Public Relations
マーケティング	Marketing
販売促進	Sales Promotion
企画	Planning
営業	Sales
研究開発	Research and Development（R&D）
設計	Design

技術	Engineering/Technical
製造	Manufacturing/Production
生産管理	Production Control
検査	Inspection
品質管理	Quality Control
品質保証	Quality Assurance
購買	Purchasing
調達	Procurement
物流・流通	Logistics
情報システム	Information Systems

3. 役職

企業規模やその役職の責任権限によって名称が異なりますので、適切な名称をつけましょう。以下は、一例としてご紹介します。

最高経営責任者	CEO (Chief Executive Officer)
最高執行責任者	COO (Chief Operating Officer)
最高財務責任者	CFO (Chief Financial Officer)
会長	chairman
社長	president
副社長	executive vice president/vice president
代表取締役	representative director
専務取締役	executive managing director/ senior managing director
常務取締役	managing director
取締役	director
社外取締役	outside director/external director
顧問	senior adviser
部長	general manager
次長	deputy general manager
課長	manager
係長	section chief
工場長	factory manager
支店長	branch manager
秘書	secretary

4. 書類

会社案内	company brochure
組織図	organization chart
カタログ	catalog
価格表	price list
見積書	quote/quotation/estimate
仕様書	specifications/specification sheet
企画書／提案書	proposal
注文書	order sheet/purchase order
注文請書	order acknowledgement
納品書	statement of delivery
領収書	receipt
契約書	contract
通知書	notification
請求書	invoice
督促状	reminder
議事録	minutes
報告書	report
月報	monthly report
週報	weekly report
日報	daily report
年次報告書	annual report
環境報告書	environmental report
サステナビリティレポート	sustainability report

5. 期間・期限・頻度を表す単語・表現
【期間】

四半期	quarter
第1四半期	first quarter/Q1
第2四半期	second quarter/Q2
第3四半期	third quarter/Q3
第4四半期	fourth quarter/Q4
上期	first half
下期	second half
前年	previous year/prior year/last year
来年	next year
前期	previous quarter/prior quarter/last quarter
来期	next quarter
最初の3カ月間	for the first three months

【期限】

まで	until ~
までに	by ~
まで	before ~

※「before May 10」の場合は、5月10日は含まれません。

まで	no later than ~

※「no later than May 10」の場合は、5月10日が含まれます。

【頻度】

次のものは、文の最後につけます。

一度	once
二度	twice
三度	three times
週に一度	once a week
月に二度	twice a month
毎日	every day

※「everyday」一語だと、「毎日の」という意味の形容詞になります。

1日おきに	every other day
毎週	every week
毎週月曜日に	every Monday
毎朝	every morning
隔週で	every other week/every two weeks
毎月	every month
隔月で	every other month/every two months

次のものは、動詞が be 動詞の場合は be 動詞の後に、動詞が一般動詞の場合は主語と動詞の間につけます。

いつも	always
たいてい	usually
よく	often
時々	sometimes
一度も〜ない	never

6. 業績の説明に使う単語・表現

予測	forecast
予測	projection
目標	target
売上げ目標	sales target
実績	actual achievement
実績	actual performance
売上げ実績／販売実績	sales performance
実際の	actual
達成	achievement
収益	revenue
年間売上高	annual sales
四半期売上高	quarterly sales
前年比〜％増	up 〜% year-to-year (year-over-year)
レビュー、復習	review
結果	result
伸び	growth
在庫	stock
予算	budget
利益	profit
純利益	net profit
純利益	bottom-line profit
コスト	cost
コスト内訳、コスト詳細	cost breakdown
費用	expense
状況	status
現況	current status
内訳	breakdown
目標	objective
2桁成長	double-digit growth

割り当て、配分	allocation
株価	share price/stock price
貸借対照表	balance sheet
損益計算書	profit and loss statement
財務諸表	financial statement

7. 市場動向の説明によく使う用語

市場	market
国内市場	local market
海外市場	overseas market
動向	trend
市場動向	market trend
競合	competitor
現在の	current
最新の	latest
業界動向	industry trend
業界予測	industry forecast
成長	growth
需要	demand
最近の市場動向	recent market trend
見通し	outlook
〜の見通し	outlook for 〜
市価	market price
市場の反応	market reaction
傾向	tendency
調査	research
統計	statistics
規制	regulation
国際化	globalization
円安	yen depreciation
円高	yen appreciation

8. 分析の説明に使う単語・表現

SWOT 分析	SWOT Analysis
強み	strength
弱み	weakness
機会	opportunity
脅威	threat
課題	challenge
問題	issue
長期的	long-term
短期的	short-term
方針	policy
目的	objective
アンケート	questionnaire
割合、比率	proportion
市場分析	market analysis
よい点と悪い点、プラス面とマイナス面	pros and cons
成熟する	mature
上位3つの理由	the top three reasons
根拠	basis/foundation
前提・想定	assumption
ギャップ、差	gap

9. 戦略や計画の説明に使う単語・表現

戦略	strategy
行動計画	action plan
ミッション、使命	mission
マーケティング計画	marketing plan
営業計画	sales plan
マーケティング活動	marketing activity
営業活動	sales activity
販売チャネル、販売網	sales channel
優先順位、優先事項	priority
顧客維持、顧客の囲い込み	customer retention
資源	resource
投資	investment
削減	reduction
統合	integration
合併	merger
買収、獲得	acquisition
提携	alliance
解消	dissolution
競争力	competitive edge
顧客中心の	customer focused
顧客志向の	customer oriented
販売促進活動	promotional sales activity
販売促進ツール	sales promotion tool
売り込みの電話	cold call
実施中	ongoing

（現在すでに行っていて、進行中という意味）

10. その他一般的に仕事でよく使う用語

議題	agenda
概要	overview/outline
背景	background
全体的な	overall
顕著な特徴	distinctive features
側面	aspect
財務的側面	financial aspect
潜在顧客、見込み客	prospect
潜在的な、可能性のある	potential
見解	view
影響	impact
機能	function/feature
関心事	concern
関連の	related
報告	report
評価	assessment
意思決定	decision making
実施、導入	implementation
生産能力	production capacity
生産性	productivity
生産コスト	manufacturing cost
資源配分	resource allocation
ビジネスの機会	business opportunities
利害関係者	stakeholder
株主	shareholder

11. 数の読み方
【数の種類】

基数	a cardinal number
偶数	an even number
奇数	an uneven number/an odd number
序数	an ordinal number
分数	a fraction
小数	a decimal

【単位】

～度（°）	degree
摂氏（℃）	centigrade
華氏（℉）	Fahrenheit
グラム（g）	gram
キログラム（kg）	kilogram
トン（t）	ton
ポンド（lb）	pound
センチメートル（cm）	centimeter
メートル（m）	meter
マイル（mile）	mile
パーセント（％）	percent
回転速度：回毎分（rpm）	revolution per minute
時速（km/h）	kilometer per hour
ダース	dozen
半ダース	half dozen

【数量を表す表現】

多くの（数）	many/a lot of
多くの（量）	much/a lot of
ほんの少しの（数）	a few
ほんの少しの（量）	a little
いっぱいの	full
空の	empty
およそ、約	about/around/approximately
最大の	maximum
最小の	minimum
数十の	tens of
数百の	hundreds of
数千の	thousands of
数百万の	millions of

【分数】

分数は、分子→分母の順で読みます。その際、分子は基数で表し、分母は序数で表します。

分子が2以上になる場合は、分母は複数形にします。

3分の1	one third
3分の2	two thirds
5分の1	one fifth
5分の2	two fifths

「半分」や「4分の1」は以下のように言います。

半分	a (one) half
4分の1	a (one) quarter
4分の3	three quarters

【小数】

小数は、小数点を point と読みます。

1.15　　one point one five
0.75　　zero point seven five

※ゼロは、zero または oh と読みます。

【倍数】

2倍　　double
3倍　　triple/three times
4倍　　quadruple/four times
5倍　　five times

【大きな数の読み方】

大きな数を読む際のルールを覚えてしまいましょう。

下図のように、3桁ずつ区切って読みます。

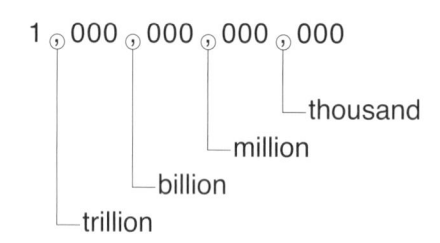

```
1 , 000 , 000 , 000 , 000
                      └─thousand
                └─million
          └─billion
    └─trillion
```

100	one hundred
200	two hundred
1,000（千）	one thousand
10,000（一万）	ten thousand
100,000（十万）	one hundred thousand
10,000,000（千万）	ten million
100,000,000（一億）	one hundred million
1,000,000,000（十億）	one billion
1,000,000,000,000（一兆）	one trillion

【年号】

年号は、基本的には2桁ずつ区切って読みますが、一部例外があります。特に、2000年代は、世代や地域によっても読み方にばらつきがあると言われています。

1975年	nineteen seventy-five
1992年	nineteen ninety-two
1906年	nineteen oh six
1800年	eighteen hundred
1900年	nineteen hundred
2000年	two thousand
2008年	two thousand (and) eight
2015年	twenty fifteen/two thousand (and) fifteen
2016年	twenty sixteen/two thousand (and) sixteen

著者略歴

味園 真紀
みその まき

明治学院大学文学部英文学科卒業。
同校在学中、カリフォルニア大学に留学。
コンサルティング・ドキュメント制作会社を経て、現在外資系企業にてマーケティングおよび事業開発に従事。
様々な分野・業種に対する、営業、制作、商品開発、マーケティング活動などを経験している。一方で、初級者〜中級者を対象とした英会話教材の制作を手がけている。
著書に、『英語プレゼンハンドブック』『質問にパッと答える英会話一問一答トレーニング』『場面別 会社で使う英会話』『ビジネスですぐに使えるEメール英語表現集』『英語論文すぐに使える表現集』他（ベレ出版）。『たったの72パターンでこんなに話せる英会話』『72パターンに＋αで何でも話せる英会話』『たったの68パターンでこんなに話せるビジネス英会話』他（明日香出版社）。

(CDの内容) ●時間…65分53秒
●ナレーション…Carolyn Miller／久末絹代
●収録内容：第1章、第2章、第3章の英語例文

CD BOOK 即効 会社の英語ハンドブック
そっこう かいしゃ えいご

2016年8月25日　初版発行

著者	味園　真紀
カバーデザイン	竹内　雄二
本文イラスト	村山　宇希

©Maki Misono 2016. Printed in Japan

発行者	内田　真介
発行・発売	ベレ出版 〒162-0832　東京都新宿区岩戸町12 レベッカビル TEL (03) 5225-4790 FAX (03) 5225-4795 ホームページ http://www.beret.co.jp/ 振替 00180-7-104058
印刷	株式会社　文昇堂
製本	根本製本株式会社

落丁本・乱丁本は小社編集部あてにお送りください。送料小社負担にてお取り替えします。

ISBN 978-4-86064-483-3 C2082　　　　　　　　編集担当　脇山和美

英語プレゼンハンドブック

味園真紀 著
四六並製／本体価格 1600 円（税別） ■ 176 頁
ISBN978-4-86064-253-2 C2082

英語でプレゼンテーションをする時に必要なスライド作成ルールからすぐに使えるシンプルなプレゼン表現をコンパクトにまとめました。プレゼンで使う表現はこれだけで十分です。現役のビジネスパーソンが現場で使えるようにシンプルで使える表現ばかりを厳選。プレゼンテーションの組み立て方、スライド作成上のポイント、プレゼン場面の導入、本論、結論そしてプレゼンで想定されるQ＆Aなど、プレゼンの流れに沿った構成です。ビジネスパーソン必携の1冊。CD1枚付き。

中学3年分の英語を
マスターできる 103 の法則

長沢寿夫 著
四六並製／本体価格 1200 円（税別） ■ 224 頁
ISBN978-4-86064-458-1 C2082

中学で習う英語のすべてをたった103の法則にまとめました。aのつけ方、英語の並べ方、自動詞と他動詞の見分け方、前置詞の使い方というような項目別に、やさしい要点解説付きで紹介していきます。また、それぞれの項目に確認問題がついていて、法則をきちんと理解できているかを毎回チェックします。法則としてあたまに入れていくことで、要点がしっかり整理され、英語のもっとも大事な基礎になる中学英語を体系的に身につけることができます。まったく英語がダメでも楽しく学べる一冊！

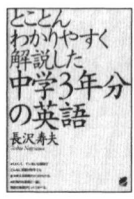

とことんわかりやすく解説した
中学 3 年分の英語

長沢寿夫 著
四六並製／本体価格 1700 円（税別） ■ 512 頁
ISBN978-4-86064-097-2 C2082

英語の基礎になる中学の文法項目を網羅し、豊富な例文と一緒にひとつひとつ詳しくていねいに解説していきます。文法は中学1年、2年、3年の順序ではなく、長沢式独自の解説方法で、英語が苦手な人でも、わかりやすく体系的に身につけられる構成になっています。じっくりと基礎を学びたい人、使える英語を身につけたい人にぴったりの本です。

仕事で使う英語

野村真美 著
四六並製／本体価格 1600 円（税別） ■ 176 頁
ISBN978-4-939076-08-4 C2082

お店やオフィスなど、仕事で外国の人と接する機会がある人のための、職場に 1 冊置いておきたい接客のための虎の巻です。難しい単語は使わずかつ自然な英語で、挨拶、お客様の応対、トラブル時、電話の応対　取次ぎなど、ちょっとした接客の時に使える、えりぬきの表現を紹介します。業種を問わず、さまざまな場面で活用できる便利な表現集です。

場面別　会社で使う英会話

ディー・オー・エム・フロンティア／味園真紀／ペラルタ葉子 著
A5 並製／本体価格 2100 円（税別） ■ 312 頁
ISBN978-4-86064-010-1 C2082

会社で英語を使う機会が増えました。本書はあらゆるビジネスシーンを想定してつくられた会社に必要な英会話の本です。訪問・紹介からプレゼンテーションや交渉まで、シーン別にダイアローグと応用表現・関連単語をとりあげました。ダイアローグ・応用表現はすべて CD に収録しています。本書に使われている表現は簡潔で覚えやすいものばかりです。まさに実践を意識した、使える英会話表現を厳選しています。

場面別　ビジネス英会話
決まり表現 & シーン別英語実況中継

柴山かつの 著
A5 並製／本体価格 2200 円（税別） ■ 336 頁
ISBN978-4-86064-371-3 C2082

英語で仕事をするビジネスパーソンにとって必須の決まり表現と実際のリアルな会話のやり取り、英語講座実況中継の構成になっています。決まり表現を確実に身につけることで、スラスラ自信をもって心をこめて話すことができます。そして決まり表現をシーンに合わせて自由自在に応用することができます。英語講座実況中継では、日本人の間違いやすい表現、表現の丁寧度具合、単語の覚え方を先生と生徒の会話で解説します。CDにすべての決まり表現とリアルなダイアローグを収録。

ビジネスですぐに使える
Eメール英語表現集

ディー・オー・エム・フロンティア／味園真紀／小林知子 著

A5 並製／本体価格 1600 円（税別） ■ 296 頁
ISBN978-4-86064-034-7 C2082

海外とのビジネス、仕事上の連絡　つきあいにEメールは欠かせません。本書は、現場で日常的にメールで仕事をしているビジネスパーソンが作った使える英語表現集です。ビジネスシーンごとに項目を分け、実際のサンプルを紹介したうえで、そのシーンでよく使う単語　熟語をあげ、また組み合わせて使える応用表現を数多く紹介しています。簡単　簡潔な英文なのでそのままでも、または組み合わせても自由自在に使えます。

説得力のある英文ビジネス
Eメールが書ける

柴山かつの 著

A5 並製／本体価格 1800 円（税別） ■ 384 頁
ISBN978-4-86064-448-2 C2082

Eメールはビジネスのコミュニケーションツールとして欠かせないものです。グローバル化が進んだ現在、用件をスピーディに伝える英文メールの出番はますます増えてきています。本書はビジネスシーン別の実例サンプルとすぐに使える表現、そして自分で英文が書けるようになるためのライティング講座で構成されています。アポイントメントの申し込み、資料請求、値引き交渉、発注、そして企画の提案などのシーン別に実例表現を紹介し、より説得力を増すためのアドバイスも満載です。表現集のコピペから、もう一歩上を目指したい人にお勧めです。

英文履歴書の書き方と
実例集

田上達夫 著

A5 並製／本体価格 1900 円（税別） ■ 308 頁
ISBN978-4-939076-94-7 C2082

レジュメ (職務経歴書) とカバーレター (自己 PR するための文書) の実例を豊富に収録してあります。良い履歴書とは？　採用される履歴書とは？　を英文履歴書のプロが徹底的に追求して書いた本です。様々な職種に対応した本当にたくさんの実例は類書にはない充実度です。必ず採用になるポイントをきっちりおさえた履歴書の書き方を教授します。